AF341063

INSTRUCTION

SUR LE

SERVICE JOURNALIER

DE LA GARDE RÉPUBLICAINE

de Paris.

NOUVELLE ÉDITION REVUE ET CORRIGÉE.

Prix : 50 centimes.

Paris.

LÉAUTEY, IMPRIMEUR DE LA GARDE RÉPULICAINE,
rue Saint-Guillaume, 21.

—

1850.

Table des Matières *

---

* Voir, à la fin de cet ouvrage, le classement de cette table par ordre alpha-
bétique.

AVANT-PROPOS.

—

Les militaires de tous grades qui composent la garde républicaine ont mérité l'honneur d'y être admis par des services distingués, par des témoignages avantageux sur leur dévouement à la patrie, et par leur bonne conduite dans le corps dont ils faisaient précédémment partie.

Soldats d'élite, ils seront toujours dignes de la haute mission que les représentants de la nation et la ville de Paris se sont entendus pour confier à leur vigilance et à leur courage.

Dela tranquillité de Paris dépend le repos de la France entière. Si de nouveaux désordres venaient menacer la capitale, la garde républicaine se montrerait fière de répondre à la confiance du gouvernement et des bons citoyens. Ses antécédents, sa tenue, sa discipline et son instruction militaire seront, sous ce rapport, la garantie de ce qu'on doit attendre d'elle.

Mais là ne se bornent pas ses devoirs. Avec les armes qu'elle lui a confiées pour la défendre, la société a remis aussi entre les mains de la garde républicaine une portion du pouvoir judiciaire, afin d'assurer, par des moyens réguliers et paisibles, l'exécution des lois, des ordonnances et des règlements de police. Il est donc essentiel que les militaires du corps acquièrent promptement les connaissances nécessaires pour accomplir, avec intelligence, cette partie de leurs obligations.

C'est pour leur en faciliter l'étude qu'a été rédigée l'instruction qui va suivre.

Elle est divisée en six chapitres renfermant chacun une des parties qui constituent la spécialité du service de la garde républicaine.

Chargés, dans la pratique de leur service municipal, de la mission, quelquefois pénible et toujours difficile, de contrarier des habitudes prises, de calmer des impatiences, de régulariser des plaisirs ; souvent en contact avec la partie la plus turbulente de la population, les gardes doivent, par leur attitude à la fois ferme et bienveillante, amener cette population à comprendre que leur présence au milieu d'elle est dans ses intérêts, que leur intervention n'a pour but que la sécurité de tous et le maintien de l'ordre.

Ils doivent, en toute circonstance, se garder d'abuser de la force et de l'autorité inhérente à leurs fonctions ; éviter les formes acerbes, les propos durs et humiliants, les actes oppressifs qui ne seraient propres qu'à affaiblir la considération et la confiance que la garde républicaine doit inspirer.

Des manières franches et militaires, l'aplomb, la dignité de leur conduite, une politesse égale envers toutes les classes de la société, sont les moyens les plus sûrs de se faire respecter. Mais plus les gardes auront mis de politesse et de convenance dans l'exécution de leurs consignes, plus ils devront montrer de fermeté envers les individus qui prendraient pour de la faiblesse les égards dont ils sont l'objet, et qui se croiraient en droit d'en abuser. Toutefois, il ne convient de faire usage de la force qu'après avoir inutilement essayé les moyens de persuasion.

La garde républicaine ayant des relations fréquentes de service avec les commissaires de police, officiers de paix et autres préposés de la police, il importe que ces relations aient toujours le caractère de dignité et de convenance dont les fonctionnaires du gouvernement ne doivent jamais se départir entre eux.

En conséquence, les militaires du corps s'empresseront de déférer aux réquisitions émanées de ces autorités en tout ce qui ne serait pas contraire aux lois et aux ordres particuliers de leurs chefs.

CHAPITRE PREMIER.

NOTIONS SUR LE SERVICE MUNICIPAL.

—

1re SECTION.

Devoirs généraux des Sous-Officiers et Gardes.

ART. 1er. Demande. *Quelles sont les principales attributions de la garde républicaine?*

Réponse. La garde républicaine est instituée pour veiller au maintien de la tranquillité dans la capitale et à la sûreté des citoyens, préserver l'ordre public des tentatives des perturbateurs par tous les moyens qui lui sont confiés, et assurer l'exécution des lois, des ordonnances et règlements de police.

2. D. *Que doit-elle faire dans ce but?*

R. Elle prête appui et concours à tout agent dépositaire de l'autorité ; elle défère aux réquisitions légales qui lui sont adressées par ces fonctionnaires, revêtus des marques qui les distinguent ou porteurs de leur commission, et elle doit se rappeler qu'elle ne doit jamais intervenir dans les discussions qui s'élèvent quelquefois entre les habitants et des agents de police, sans qu'elle en soit légalement requise (*art.* 54 *de l'ordonnance du* 29 *octobre* **1820**).

3. D. *Quelles sont les autorités qui peuvent requérir plus particulièrement la garde républicaine?*

R. Ce sont les autorités judiciaires, les commissaires de police, les officiers de paix, les inspecteurs généraux et particuliers des marchés, de l'octroi, de la navigation et les agents

4. D. *Quelles sont les marques distinctives des autorités qui peuvent requérir?*

de la préfecture de police.

R. Les commissaires de police ont, en ceinture, une écharpe de taffetas tricolore; les officiers de paix en ont une de taffetas bleu; les uns et les autre ont également un uniforme spécial qu'ils portent avec l'épée. Les agents sont revêtus du costume des sergents de ville ou en bourgeois, et alors ils ont des cartes dont le modèle est affiché dans tous les postes.

5. D. *Comment doivent être faits les réquisitoires?*

R. Ils doivent toujours être faits par écrit et ne contenir aucun terme impératif, tel que : ordonnons, voulons, enjoignons, mandons, etc.; cependant, si le réquisitoire contenait des termes impératifs, ce ne serait point un motif pour refuser d'y obtempérer: on se bornerait à en rendre compte au colonel par un rapport. — S'il y avait urgence, on pourrait obtempérer aux réquisitions verbales, sur le vu des écharpes ou des cartes; mais on devrait exiger le réquisitoire écrit immédiatement après l'opération terminée.

6. D. *Les autorités civiles peuvent-elles indiquer dans leurs réquisitons les mesures d'exécution ?*

R. Oui ; mais elles ne doivent s'immiscer, en aucune manière, dans les opérations militaires, dont la direction appartient au militaire du corps le plus élevé en grade sur les lieux (*art. 57 ord. du 29 oct. 1820*).

7. D. *Les gardes doivent-ils obtempérer aux réquisitions de simples particuliers?*

R. Oui : la garde républicaine doit assistance à toute personne qui réclame son secours dans un moment de danger ; elle doit satisfaire à ses réclamations verbales ou par écrit, en se transportant de suite sur les lieux en cas d'incendie, d'inondation, de vols et pillage, d'émeutes, d'assassinat, de blessures ou voies de fait, de viols, homicide, etc. (*art.* 45, 170, 179, 190 et 205 *de l'ord. du* 29 *oct.* 1820).

8. D. *Les sous-officiers et gardes, n'étant commandés d'aucun service, doivent-ils déférer aux réquisitions légales qui leur sont faites de prêter main-forte ?*

R. Oui, car ils doivent se considérer en fonctions partout où ils se trouvent revêtus de leur uniforme, surtout lorsqu'il s'agit du maintien du bon ordre (*art.* 179 *de l'ord. du* 29 *oct.* 1820).

9. D. *Quel est le cas où ils peuvent agir sans attendre de réquisitions ou ordres supérieurs ?*

R. Lorsqu'il y a flagrant délit (*art.* 179 *de l'ord. du* 29 *oct.* 1820).

10. D. *Qu'entendez-vous par flagrant délit ?*

R. Le délit qui se commet actuellement ou qui vient de se commettre est un flagrant délit. — Le cas où le prévenu est poursuivi par la clameur publique et le cas où le prévenu est trouvé nanti d'effets, armes, instruments ou papiers faisant présumer qu'il est auteur ou complice, sont aussi réputés *flagrant délit*, pourvu que ce soit dans un temps voisin du délit (*Code d'inst. criminelle, art.* 41).

Est assimilée au cas de flagrant délit la réclamation ou la réquisition d'un propriétaire, d'un principal locataire ou d'un chef de maison qui appelle la garde républicaine pour constater un délit ou un crime , même non flagrant , commis dans l'intérieur de son domicile.

11. D. *Que doivent faire les sous-officiers et gardes dans ces différents cas?*

R. Arrêter le prévenu, si c'est possible ; vérifier et constater avec soin les objets dont il est porteur et tous ceux qui pourraient servir de pièces à conviction ; prendre le nom et la demeure des témoins ; entendre leur déclaration et celle de la personne lésée ; constater l'état des lieux , les traces encore existantes du crime, l'heure à laquelle il a été commis ; s'il y a des empreintes de pas , en prendre le dessin et la dimension ; rédiger sur les lieux un procès-verbal, et défendre, sous peine d'arrestation, qu'aucun individu ne s'éloigne jusqu'après la clôture du procès-verbal.

Si le commissaire de police, qu'ils ont dû faire prévenir , arrive pendant cette opération , les sous - officiers et gardes doivent lui remettre les renseignements obtenus , et, s'il y a lieu, l'assister pendant qu'il fera l'instruction.

12. D. *Si les sous-officiers et gardes ne sont pas présents au moment du flagrant délit, doivent-ils, sur la déclaration qui leur en est faite, commencer une instruction préliminaire?*

R. Oui, lorsqu'il peut s'écouler beaucoup de temps en attendant l'arrivée du commissaire de police ; il serait à craindre , si les faits n'étaient pas promptement constatés, que la vérité ne fût pas connue aussi bien que

13. D. *Les sous-officiers et gardes ont-ils qualité pour recevoir une plainte et pour faire une instruction préliminaire pour les simples contraventions de police, et pour un délit, même flagrant, qui n'entraînerait qu'une peine correctionnelle?*

dans le premier moment où l'émotion du tort qu'éprouve le plaignant, et l'indignation des témoins, font qu'ils s'expriment sans ménagement, avec franchise et vérité.

R. Non : ils doivent inviter le plaignant à se rendre avec eux au commissariat de police et y conduire l'inculpé, s'il est arrêté par eux ou remis entre leurs mains. Dans le cas de dénonciation d'urgence, ils recueillent les avis qui leur sont donnés sur les circonstances et les personnes, et se mettent en mesure de rédiger un rapport dont les détails peuvent mettre l'autorité sur les traces d'un délit quelquefois plus grave qu'il n'a d'abord semblé l'être.

14. D. *En cas de force reconnue insuffisante pour opérer une arrestation, que doit-on faire?*

R. Y suppléer en allant requérir du renfort au poste le plus voisin (*art. 3 de l'ord. du 29 oct. 1820*).

15. D. *Lorsque le chef d'un détachement légalement requis est mis à la disposition d'un commissaire de police ou de tout autre agent de l'autorité, que doit-il faire?*

R. Il doit prêter main-forte pour assurer l'effet de la réquisition et pour faire cesser, au besoin, les obstacles ou empêchements (*art. 54 de l'ordonnance du 29 octobre 1820*); mais il ne doit pas perdre de vue qu'il reste toujours responsable, vis-à-vis de ses chefs, de tout ce qui, dans ses actes, serait contraire aux règlements de l'arme et à ses véritables attributions.

16. D. *Dans quel cas les sous-officiers et gardes doi-*

R. En cas de résistance formelle aux consignes, ou de rébellion, et après avoir em-

vent-ils faire usage de la force ?

17. D. *Dans quel cas doi-vent-ils faire usage de leurs armes ?*

18. D. *Par qui et comment doivent être faites les trois sommations prescrites par la loi, lorsqu'il y a lieu de dissiper un attroupement sé-ditieux ?*

ployé vainement tous les moyens de persuasion.

R. Lorsque des violences ou voies de fait sont exercées contre eux ; lorsqu'ils ne peuvent défendre autrement le terrain qu'ils occupent, les postes ou les personnes qui leur sont confiés (*art.* 303 *de l'ordonn. du* 29 *oct.* 1820).

R. Par un magistrat civil revêtu de son écharpe ; chaque sommation doit être précédée d'un roulement de tambour ou d'un son de trompette. Après la troisième sommation, l'action de la force commence, sans responsabilité des évènements (*lois des* 29 *août* 1791 *et* 10 *avril* 1831).

Quand des arrestations sont faites, dans ces sortes de cas, il faut mentionner si c'est après la 1re, la 2e ou la 3e sommation que l'individu a été arrêté, la pénalité se réglant d'après ces circonstances.

2e SECTION.

Procès-Verbaux.

ART. 19. Demande. *Quelle est l'importance légale des procès-verbaux ?*

20. D. *Quelle obligation cette importance impose-t-elle aux militaires chargés de les rédiger ?*

Réponse. Les sous-officiers et gardes étant assermentés, leurs procès-verbaux font foi en justice jusqu'à preuve contraire.

R. Ils doivent, pour se renfermer exactement dans le cercle de leurs attributions et les dispositions précises de la loi, se bien pénétrer des caractères qui distinguent les crimes, les délits et les simples contraventions de police (*art. 148 de l'ord. du 29 oct. 1820*).

21. D. *Comment distingue-t-on les contraventions et les délits?*

R. Sont considérés comme contraventions de simple police, les faits qui, d'après le quatrième livre du Code pénal, peuvent donner lieu, soit à quinze francs d'amende ou au-dessous, soit à cinq jours d'emprisonnement ou au-dessous, qu'il y ait ou non confiscation des choses saisies, quelle qu'en soit la valeur (*art. 137, Code d'inst. crim.*).

Les contraventions sont du ressort des tribunaux de simple police, composés à Paris du juge de paix de l'un des douze arrondissements municipaux de Paris et d'un commissaire de police, remplissant les fonctions de ministère public.

L'infraction que les lois punissent de peines correctionnelles, c'est-à-dire de peines excédant 15 francs d'amende ou cinq jours de prison, est un délit.

Les délits sont du ressort des tribunaux de première instance, qui jugent alors comme tribunaux correctionnels (*art. 179, Code d'instr. crim.*).

22. D. *Qu'entend-on par crime?*

R. L'infraction que les lois punissent d'une peine afflictive ou infamante est un crime du ressort des cours d'assises.

23. D. *Quelles sont les peines en matière criminelle ?*

R. Les peines en matière criminelle sont : ou afflictives et infamantes, ou seulement infamantes.

Les peines afflictives et infamantes sont : 1° la mort ; 2° les travaux forcés à perpétuité ; 3° la déportation ; 4° les travaux forcés à temps ; 5° la détention ; 6° la réclusion.

Les peines infamantes sont : 1° le bannissement ; 2° la dégradation civique (*art. 6, 7 et 8 du Code pénal modifiés*).

24. D. *Comment doivent être faits les procès-verbaux et que doivent-ils contenir ?*

R. Ils doivent être établis le plus clairement et le plus succinctement possible, et contenir : 1° l'année, la date et l'heure ; 2° les nom, prénoms, grades, compagnies ou escadrons et casernes de ceux qui dressent le procès-verbal ; 3° l'indication du lieu où s'est commis le crime, le délit ou la contravention ; 4° les nom et prénoms, âge, domicile et profession du prévenu ; 5° ceux des témoins ; 6° l'exposé exact du fait, dégagé de tous événements étrangers.

Dans le cas de flagrant délit (*voir* article 9), après avoir reçu les déclarations des habitants, des voisins, des domestiques, des parents, enfin, et de toutes les personnes ayant des renseignements à donner, on doit faire signer à chacun sa déclaration, ou mentionner le motif pour lequel ils n'ont pas signé.

25. D. *Que doivent men—*

R. Ils doivent mentionner,

tionner les procès-verbaux dressés à l'occasion d'individus trouvés assassinés, suicidés, noyés, ou enfin trouvés morts sur la voie publique?

autant que possible, outre les faits et les rensignements recueillis, le signalement des cadavres, la désignation des vêtements, les marques du linge, les objets trouvés sur eux, les traces des coups ou blessures; enfin, on ne doit rien négliger de ce qui peut servir à les faire reconnaître et à éclairer la justice.

26. D. *En combien d'expéditions doit être rédigé un procès-verbal?*

R. Il doit être fait en double expédition, pour les contraventions constatées et les arrestations faites dans Paris ou hors Paris; pour les arrestations, pour insultes et voies de fait envers les militaires du corps, et en quadruple expédition lorsqu'il s'agit d'un forçat évadé ou d'un déserteur; dans ce dernier cas, l'une des expéditions accompagne le prévenu, les trois autres sont remises au conseil d'administration du corps, après que le capitaine de la compagnie a certifié dessus que l'individu a été écroué dans la prison désignée au procès-verbal. Joindre à ces expéditions le reçu délivré par le concierge de la prison.

27. D. *Les recherches spéciales faites en vertu de signalement, bien qu'elles aient été infructueuses, doivent-elles être constatées par un procès-verbal?*

R. On doit en ce cas rédiger un procès-verbal de recherches infructueuses, dans lequel on relate les motifs qui ont empêché le succès.

28. D. *Comment doivent*

R. Ils doivent indiquer exac-

être rédigés les procès-verbaux faits à l'occasion de contraventions commises par les cochers ou propriétaires d'une voiture publique?

tement le numéro de la voiture et la couleur de ce numéro, le nom et la demeure du propriétaire, ainsi que du conducteur; désigner l'espèce de la voiture, fiacre, cabriolet bourgeois ou de place, de l'intérieur ou de l'extérieur, voitures bourgeoises ou de remise, charrettes, haquets, etc., et ne jamais omettre de mentionner si l'exhibition de la médaille, livrets ou papiers de sûreté, a eu lieu.

29. D. *Comment doivent être rédigés les procès-verbaux faits à l'occasion de contraventions constatées contre les chefs d'établissement, propriétaires ou principaux locataires, pour portes ouvertes, démolitions non éclairées, ou autres cas prévus dans les chapitres suivants?*

R. Ils doivent contenir le nom et la demeure des personnes responsables, et si on ne peut l'obtenir après s'être adressé à elles, aux concierges, aux portiers ou aux voisins, on devra relater dans le procès-verbal le refus qui en aura été fait, et s'adresser au commissaire de police du quartier pour obtenir des renseignements ultérieurs. Dans tous les cas, on ne devra pas se contenter de la déclaration du contrevenant, mais s'en assurer dans le voisinage, afin de ne laisser aucun doute sur son individualité.

30. D. *Que doivent indiquer les procès-verbaux faits à l'occasion du défaut d'éclairage des rues, places, quais, ponts, etc.?*

R. On doit indiquer les lanternes qui n'éclairaient pas aux heures fixées par le tableau d'allumage déposé dans chaque corps-de-garde; le numéro de ces lanternes; le nombre de becs; la lettre initiale placée sur chaque boîte; la rue et le quartier où elles sont situées.

31. D. *Comment doivent être rédigés les procès-verbaux ou rapports faits à l'occasion de l'arrestation d'un garde national condamné par jugement disciplinaire, ou d'un individu condamné pour dettes par suite de la réquisition des agents chargés de son arrestation?-*

R. On doit indiquer si l'on a été obligé d'intervenir ; et si l'arrestation a eu lieu . faire connaître les nom, profession et demeure de la personne arrêtée ; où elle a été conduite ; enfin , si l'arrestation n'a pu avoir lieu sans l'assistance d'un commissaire de police , on doit le mentionner dans le procès-verbal. (Voir art. 168.)

32. D. *Les procès-verbaux rédigés pour des contraventions qui auraient lieu hors Paris , c'est-à-dire sur une commune environnante, sont-ils assujétis à d'autres formalités que ceux rédigés dans Paris?*

R. Oui ; ils doivent être visés en *débet* par le receveur de l'enregistrement du chef-lieu du canton , et envoyés au juge de paix du même canton.

Les procès - verbaux constatant une contravention aux règlements sur la grande voirie ou sur la police du roulage , au lieu d'être visés en débet , sont affirmés devant le juge de paix ou le maire , et envoyés de suite à l'état - major du corps.

Ces formalités ne sont pas nécessaires pour l'expédition de ces procès-verbaux destinée au colonel.

33. D. *Suffit-il, pour régulariser un procès-verbal, de la signature des gardes qui ont opéré?*

R. Il faut encore qu'il soit soumis au visa du commandant de la compagnie, ou de l'escadron, afin qu'il s'assure qu'aucun vice de forme ne le rendra nul.

34. D. *Quels sont les cas de nullité d'un procès-verbal?*

R. Lorsqu'un ou plusieurs gardes, désignés comme ayant opéré, ont oublié de le signer ; lorsqu'il est raturé ou surchargé, et que ces ratures on

35. D. *Que doit-on faire lorsqu'il y a des mots rayés ou surchargés dans un procès-verbal?*

36. D. *A qui doivent être adressés les procès-verbaux ou rapports?*

37. D. *En cas d'événements graves ou extraordinaires pendant la journée, peut-on attendre vingt-quatre heures pour en instruire le colonel?*

38. D. *Un seul garde peut-il constater une contravention ou un délit?*

surcharges ne sont point approuvées ; ou, enfin, lorsqu'il existe des omissions de date, de faits indispensables, etc.

R. Les mots rayés doivent être déclarés nuls ; les mots surchargés ou ajoutés doivent être déclarés bons. Chacune de ces indications doit être paraphée par tous les signataires du procès-verbal, et spécifier le nombre de mots rayés, surchargés ou ajoutés.

R. A M. le colonel commandant, à l'état-major, dans le plus court délai possible ; on ne doit jamais laisser écouler plus de 24 heures entre le fait constaté et l'envoi du procès-verbal (*art. 187 de l'ord. du* 29 *oct.* 1820).

R. Non : on doit alors dresser une note succincte ou rapport analysé, et l'envoyer de suite à M. le capitaine de police qui le transmet directement et sans retard au colonel. Le procès-verbal est ensuite envoyé dans le délai prescrit.

R. Oui : il le peut, suivant un arrêt de la Cour de cassation rendu en 1827 (p. 891, *Bulletin officiel*) ; cependant il est plus convenable que les procès-verbaux soient faits et signés par deux gardes au moins.

OBSERVATIONS SUR LES PROCÈS-VERBAUX.

Dans tous les procès-verbaux, les indications de nombres tels que : numéros de voitures, de médailles de cochers, de numéros de maisons, etc., etc., de même que les dates, doivent être portées en toutes lettres et jamais en chiffres. Sont exceptés : les numéros des articles et dates des lois et ordonnances qui y sont relatées, ainsi que les numéros des compagnies ou escadrons des militaires qui ont fait les procès-verbaux.

Dans tous leurs rapports ou procès-verbaux, les militaires des corps doivent être vrais, sincères, impartiaux et désintéressés ; ils doivent recueillir et dire tout ce qui est à la décharge comme à la charge du prévenu.

Ils auront toujours soin d'analyser en marge l'objet du procès-verbal, et de faire suivre cette analyse du signalement du prévenu, lorsqu'ils constateront l'arrestation d'un déserteur.

3ᵉ SECTION.

Arrestations.

Art. 39. Demande. *Quels sont les individus que l'on peut arrêter, indépendamment de ceux pour lesquels on est requis par l'autorité ou par un chef de maison ?*

Réponse. 1° Ceux qui profèrent des propos outrageants contre les religions reconnues par l'État, contre le président de la République, ou qui tiennent des propos séditieux susceptibles de troubler l'ordre public (*art. 86 et 202 du Code pénal et loi du 9 sept.* 1835);

2° Ceux qui insultent à la morale publique, par des propos, par des gestes indécents (*art.* 330 *du Code pénal*);

3° Ceux qui occasionnent ou peuvent occasionner des rassemblements dans les rues en se battant ;

4° Ceux qui, volontairement, par imprudence ou négligence, auraient blessé quelqu'un ou causé quelque dégât (*art.* 390 *et* 391 *du Code pénal*). Voir l'art. 72, 13ᵉ paragraphe ;

5° Ceux qui font partie de coalitions d'ouvriers et de rassemblements tendant à troubler l'ordre public (*art. 179 de l'ord. du 29 oct. 1820*);

6° Les mendiants, vagabonds ou gens sans aveu (*délit prévu par les art. 269 et 274 du Code pénal*), notamment ceux trouvés la nuit couchés sur la voie publique, et qui, le plus souvent, sont des voleurs;

7° Les individus qui chercheraient à vendre à vil prix des objets qu'on pourrait présumer avoir été volés;

8° Les auteurs ou complices de bruit, ou tapages injurieux ou nocturnes, troublant la tranquillité des habitants (*art. 119 du Code pénal*);

9° Toute personne qui porterait publiquement un uniforme ou une décoration qui ne lui appartiendrait pas (*art. 259 du Code pénal*);

10° Les déserteurs ou repris de justice, en vertu de signalements;

11° Ceux qui abattraient, mutileraient ou écorceraient les arbres des promenades, ou qui dégraderaient des monuments publics (*délit prévu par les art. 257 et de 445 à 449 du Code pénal*);

12° Tout individu qui serait trouvé porteur d'armes prohibées, telles que stylets, poignards, pistolets de poches, épées en cannes, bâtons à ferrements, etc. (*art. 314 du Code pénal et loi du 24 mai 1834*);

13° Quiconque menacerait verbalement ou aurait menacé par écrit, avec ordre ou sous condition, d'assassinat, d'empoisonnement ou d'incendie, ou, enfin, de tout autre attentat contre les personnes ou les choses (*art. 303 à 308 du Code pénal*);

14° Quiconque placarderait des affiches sur les monuments et édifices publics, attendu qu'il est considéré comme coupable de dégradations (*ord. de police des 23 août, 12 déc. 1830 et 4 août 1836*);

15° Ceux qui font le métier de ravageurs ou gratteurs de ruisseaux; ce métier étant formellement interdit dans toute l'étendue de la ville de Paris, et autres lieux du ressort de la préfecture de police, ceux qui l'exercent doivent être conduits devant le commissaire de police du quartier (*ordonn. du 1er sept. 1828*);

16° Tout militaire circulant dans les rues après l'appel du soir, sans être porteur d'une permission de ses chefs;

17° Quiconque exposerait en vente, sur les marchés ou

ailleurs, des chevaux ou autres animaux atteints ou soupçonnés de maladies contagieuses (*ord. du 17 fév.* 1831).

18° Tout individu qui outrage ou menace les militaires du corps dans l'exercice de leurs fonctions (*art 301 de l'ord. du 29 oct.* 1820).

19° Quiconque contreviendrait à l'ordonnance de police concernant les masques, qui porte que : pendant le temps du carnaval, toute personne masquée, déguisée ou travestie ne peut porter ni armes ni bâtons; aucun individu ne doit prendre de déguisements qui seraient de nature à troubler l'ordre public ou à blesser la morale et les mœurs, ni porter aucun insigne ni costume ecclésiastique ou religieux, appartenant aux ministres des cultes légalement reconnus par l'Etat, ou appartenant à un fonctionnaire public. Il est défendu à toute personne masquée, déguisée ou travestie, d'insulter qui que ce soit par des invectives, des mots grossiers ou des provocations injurieuses, et de s'arrêter sur la voie publique pour y tenir des discours indécents ou y provoquer les passants par des gestes ou paroles contraires à la morale publique. Il est pareillement défendu à tout individu, masqué ou non masqué, de jeter dans les maisons, dans les voitures et sur les personnes, aucun objet ni substances qui puissent blesser, endommager ou salir les vêtements. Le mercredi des Cendres, à partir de midi, personne ne peut circuler sous le masque ni travesti sur la voie publique (*ord. du 10 fév.* 1847).

40. D. *Les propos grossiers tenus envers les gardes, mais sans intention de les injurier, peuvent-ils constituer un délit?*

R. Non; pour qu'il y ait délit d'injures, il ne suffit pas que les propos soient grossiers ou désobligeants; il faut qu'ils soient outrageants, qu'ils expriment le mépris, qu'ils tendent à attaquer la réputation ou la considération (*loi du* 19 *mai* 1819, *arrét de la Cour de cassation du 8 sept.* 1809).

41. D. *Quelles peines encourt un individu qui, par paroles, gestes, menaces, ou par lettres, outrage la garde républicaine?*

R. La peine encourue est une amende de 16 à 200 fr, et, en outre, de 6 jours à un mois de prison, si l'outrage a été dirigé contre un comman-

42. D. *Est-ce outrager la garde républicaine que de lui faire la déclaration d'un délit qu'on sait n'avoir pas été commis ?*

dant de la force publique, brigadier ou autre (*art. 221 et 225 du Code pénal*).

R. Oui. Celui qui, par dérision, engage la garde répucaine dans de fausses démarches pour rechercher un délit imaginaire, est passible des peines énoncées à l'art. 41 (*arrêt de la Cour de cassation du 9 déc. 1808*).

43. D. *Les sous-officiers et gardes ont-ils le droit d'entrer dans une maison particulière pour opérer une arrestation ?*

R. Non ; la maison de chaque citoyen étant un asile inviolable, on ne peut, sans la permission de l'habitant, y pénétrer, même pendant le jour, que dans le cas de flagrant délit, ou sur la réquisition du propriétaire pour rétablir l'ordre dans sa maison, ou bien pour prêter main-forte à un commissaire de police, porteur d'un mandat légal pour faire des perquisitions.

Pendant la nuit, on ne doit jamais pénétrer dans une maison, hors le cas d'incendie, d'inondation ou de réclamation venant de l'intérieur.

44 D. *Une simple contravention peut-elle donner lieu à arrestation ?*

R. Non, lorsque les individus pris sur le fait sont connus et domiciliés ; on doit, dans ce cas, se borner à faire un procès-verbal, même lorsqu'ils commettent un délit correctionnel qui n'emporte qu'une amende sans emprisonnement. Mais, quand ces individus sont inconnus, on doit alors les arrêter et les con-

45. D. *A quelles peines s'expose-t-on en commettant une arrestation illégale?*

46. D. *Comment doivent être faites les arrestations?*

47. D. *Que doit-on faire d'un individu aussitôt après son arrestation?*

48. D. *Où doivent être conduits les militaires arrêtés?*

duire devant l'autorité compétente.

R. A un emprisonnement de 2 à 5 ans, aux travaux forcés à perpétuité si la détention a duré plus de dix jours (*art. 331 et 334 du Code pénal*).

R. Les arrestations doivent toujours être faites, autant que possible, avec mesure, douceur et honnêteté : on ne doit ni frapper, ni injurier les individus arrêtés, mais on doit s'assurer d'eux par tous moyens autorisés par la loi.

R. Il doit être conduit de suite devant le commissaire de police du quartier, si l'heure le permet ; et, dans le cas contraire, il doit être consigné dans un poste et déposé au violon jusqu'à l'ouverture du bureau de police, Tant que la position d'un individu n'est pas régularisée par le commissaire de police, les sous-officiers et gardes sont responsables de sa détention.

R. 1° Tout militaire arrêté par un poste ou déposé au violon doit être conduit chez le commissaire de police, s'il s'est rendu coupable d'un délit ou crime ; s'il est mis en liberté par ce magistrat, il est conduit immédiatement à l'état-major de la place ; si, au contraire, il est retenu, compte en est rendu sur les rapports ;

2° Tout militaire arrêté pour faute contre la discipline est conduit directement à l'état-major de la place ; s'il était ivre, il n'y serait conduit qu'après être dégrisé. Les militaires arrêtés pendant la nuit seront mis au violon et conduits le lendemain à la place à l'heure où l'on y porte la feuille du rapport. (Voir article 17 de l'instruction sur le service de la place.)

3° Tout militaire du corps arrêté pour faute contre la discipline, et déposé dans un poste du corps, sera conduit immédiatement à sa caserne et mis à la salle de police ; ceux qui seraient ivres seront conduits en voiture ;

4° Lorsque des militaires du corps seront arrêtés conjointement avec des bourgeois ou militaires de la ligne, ils seront conduits devant le commissaire de police ou à l'état-major de la place, suivant les cas expliqués au premier paragraphe de cet article;

5° Lorsqu'un militaire du corps sera déposé dans un poste de ligne, défense est faite de l'en retirer pour le conduire à sa caserne ;

6° Tout militaire arrêté pour désertion ou comme insoumis sera immédiatement écroué à la prison militaire par les gardes qui auront opéré l'arrestation (*ordre de la place du 14 décembre 1844*). (Voir, pour les procès-verbaux à dresser, l'art. 26 de l'instruction municipale);

7° Tout individu arrêté doit être conduit devant l'autorité compétente par celui qui a opéré l'arrestation, avec un rapport détaillé des faits et sans préjudice des procès-verbaux qui doivent être dressés ensuite.

CHAPITRE II.

DES CONTRAVENTIONS.

—

1re SECTION.

Principales Contraventions que doivent constater les Sous-Officiers et Gardes.

ART. 49. Demande. *Quelles sont les principales contraventions qui doivent être constatées par la garde républicaine ?*

Réponse. 1° Les caisses, pots à fleurs et autres objets dont la chute peut occasionner des accidents, qui seraient placés ailleurs que sur des balcons et sur les appuis des croisées garnies de balustrades en fer, ou de barres transversales en fer avec grillages en fil de fer maillé jusqu'à la barre la plus élevée, ainsi que l'écoulement d'eau sur la voie publique résultant de l'arrosement de ces fleurs (*ord. du 23 oct. 1844*) ;

2° Les embarras causés par des démolitions ou autres objets entravant la voie publique, tels que : barrières pour travaux de maçonnerie, échafaudages, tranchées pour conduite d'eau, etc., la négligence d'éclairer la nuit ces démolitions, ou tout ce qu'on aurait la permission d'y laisser ou déposer momentanément (*ord. du 23 nov. 1831, et art. 471 du Code pénal*) ;

3° Les voitures, cabriolets, charrettes et chevaux abandonnés par leurs conducteurs (*art. 471 du Code pénal*) ;

4° Les bouchers allant au trot dans leurs charrettes, ou lorsque leurs charrettes ne sont pas couvertes (*ord. des 3 oct. 1827 et 9 mai 1832*) ;

5° Les charretiers montés sur leurs chevaux (*ord. du 9 mai 1831*) ;

6° Ceux qui ne cèdent pas la moitié du pavé, ou qui ne se tiennent pas à la portée de leurs chevaux (*art. 475 du Code pénal*) ;

7° Les conducteurs de bêtes de somme qui en sont éloignés (*art. 475 du Code pénal*) ;

8° Les réverbères des rues, quais, places, ponts, etc., qui

seraient éteints avant les heures fixées. (Voir à ce sujet le tableau d'éclairage déposé dans les postes, et l'article 30 de la présente instruction) ;

9° Les cafés, marchands de vin et tout débitant de boissons qui, sans autorisation spéciale de M. le préfet de police, ont leurs établissements ouverts après 11 heures du soir, ou même si, quoique ayant fermé, on est assuré qu'il existe une réunion chez eux. Dans ces deux cas, on doit se borner à déclarer procès-verbal au cabaretier, la garde républicaine n'ayant pas qualité pour faire ouvrir la porte de l'établissement afin d'en faire sortir les personnes qui s'y trouvent, à moins qu'il n'y ait tapage ou danger pour quelqu'un à l'intérieur (*ord. du 3 avril 1819, et lettres de M. le préfet de police des 24 déc.* 1835 *et 11 janv.* 1836) ;

10° Les portes d'allées ouvertes après 11 heures du soir seulement, quoique l'ordonnance de police du 8 novembre 1780 fixe cette fermeture à 8 heures en hiver, et à 10 heures en été (ce retard est toléré par la préfecture de police). (Voir l'art. 29) ; .

11° Les armes à feu, pétards, fusées et autres pièces d'artifice tirées dans les rues ou par les fenêtres (*art. 471 du Code pénal et ord. du* 29 *août* 1829);

12° Tout déménagement fait la nuit. (Cette contravention peut donner lieu à arrestation, lorsque les personnes qui déménagent ne justifient pas qu'elles sont propriétaires des objets transportés);

13° Les individus qui font le métier de deviner ou pronostiquer, ou, enfin, d'expliquer les songes (*art. 479 du Code pénal*). (Inviter le contrevenant à se rendre chez le commissaire de police) ;

14° Les personnes qui brûlent de la paille sur la voie publique, qui suspendent au-devant des murs de face des maisons riveraines de la voie publique des écriteaux servant à faire connaître les maisons, appartements, chambres, magasins et autres objets à vendre ou à louer, sans attacher et appliquer contre les murs lesdits écriteaux; les personnes qui jettent des pierres ou des bâtons dans les arbres bordant les contre-allées des boulevarts et promenades, qui suspendent à ces arbres des écriteaux, enseignes, lanternes ou autres objets, ou y attachent des animaux ou des cordes pour faire sécher du linge, des étoffes ou autres choses ;

15° Les maréchaux-ferrants, layetiers, emballeurs, serruriers, tonneliers, batteurs de plâtre, scieurs et tailleurs de pierre, scieurs de long et autres qui travaillent ou font travailler sur la voie publique; les épiciers, limonadiers et autres qui brûlent ou font brûler sur la voie publique du café et autres denrées;

16° Les jeux de palets, de tonneaux, de siam, de quilles, de volants et tous autres jeux capables de gêner la circulation et occasionner des accidents;

17° Le parcours à cheval ou en voiture, même avec des voitures traînées à bras, des contre-allées des boulevarts intérieurs et extérieurs de la capitale et de toutes les parties des promenades publiques, non closes, réservées aux piétons (*ord. du 8 août* 1829);

18° Les personnes qui, ayant une cour ou une porte-cochère, déposeraient des ordures, immondices, pailles et résidus quelconques sur une partie de la voie publique. Ces objets doivent être portés dans les voitures du nettoiement au moment de leur passage. Quant aux habitants des maisons qui n'ont ni cour ni porte-cochère, ils pourront déposer ces ordures dans la rue avant 7 heures du matin, depuis le 1er avril jusqu'au 1er octobre, et avant 8 heures le reste de l'année.— Toutefois, les résidus répandant une odeur infecte ne devront jamais être déposés sur la voie publique, ils seront portés directement aux voitures du nettoiement (*ord. du 5 nov.* 1846);

19 Les individus qui essaieraient des chevaux dans les rues de Paris (*ord. du 9 mars* 1831);

20° Les personnes qui jetteraient des ordures ou des eaux par les fenêtres (*art.* 471 *du Code pénal et ord. du 1er août* 1820), ainsi que celles qui, en arrosant le devant de leurs maisons, lanceraient l'eau de manière à éclabousser les passants (*ord. du 27 juin* 1843), ou qui laveraient les devantures de leurs boutiques après les heures fixées pour le balayage, c'est-à-dire après 7 heures du matin, du 1er avril au 1er octobre, et après 8 heures le reste de l'année (*ord. du 5 novembre* 1846);

21° Les ouvriers en boutique qui troubleraient le repos public en travaillant avant 4 heures du matin et après 9 heures du soir, du 1er avril au 30 septembre, et avant 5 heures du matin et après 9 heures du soir, du 1er octobre au 31 mars (*ord. du 31 oct.* 1829);

22° Les personnes qui laveraient du linge dans les fontaines publiques (*ord. du 21 sept. 1827*), ou qui en laveraient dans le canal Saint-Martin, ailleurs que dans les bateaux affectés à cette destination (*ord. du 25 oct. 1840, art. 117*);

23° Les individus qui déchargeraient ou scieraient du bois sur les trottoirs, ou ceux qui fendraient du bois sur la voie publique.

24° Quiconque, faisant exécuter des travaux aux bâtiments riverains de la voie publique, pouvant faire craindre des accidents, ne placerait pas un ou deux hommes dans la rue pour en écarter les passants (*ord. de police du 8 août 1829 et art. 479 du Code pénal*), et quiconque, pendant la nuit, ferait faire à ces maisons des réparations sans autorisation du préfet;

25° Les personnes qui ne retiennent pas leurs chiens lorsqu'ils attaquent ou poursuivent les passants (*art. 475 du Code pénal*). (Voir les articles ci-après de 109 à 112);

26° Quiconque aurait, pendant la nuit, laissé dans les rues des échelles ou autres instruments dont puissent abuser les voleurs et autres malfaiteurs (*art. 470 du Code pénal*);

27° Les personnes qui, étant étrangères au service du nettoiement de Paris, auraient ramassé des boues, immondices, petit fumier, etc. (*ord. du 23 nov. 1831*);

28° Ceux qui jetteraient des pierres ou autres corps durs et immondices dans le canal Saint-Martin (*ord. du 10 juin 1826*);

29° Les laitières qui s'établiraient sur la voie publique sans être munies d'une permission de l'autorité, ou qui vendraient à leurs places des fruits ou légumes, ou, enfin, qui ne seraient pas retirées à dix heures du matin au plus tard (*ord. du 1er oct. 1830*);

30° Les individus qui établissent ou tiennent, dans les rues, chemins, places ou lieux publics, des jeux de loterie ou d'autres jeux de hasard (*ord. du 26 juillet 1777, et art. 475 et 477 du Code pénal*). — (Conduire les contrevenants chez le commissaire de police);

31° Les individus qui montrent dans les rues de Paris des animaux malfaisants, tels que des ours, singes, etc., sans être munis d'une permission du préfet de police (*ord. du 3 août 1828*);

32° Quiconque pousserait les boues et immondices devant a propriété de ses voisins (*ord. du 27 mars 1834*);

33° Les marchands qui placent sous leurs balances des ports qui gênent la liberté de leurs mouvements (*ord. du 12 avril 1831*);

34° Les conducteurs de voitures de roulage, dites maringotes, attelées d'un seul cheval, qui, conduisant plusieurs convois de ces mêmes voitures, les suivraient sans laisser entre chaque convoi une distance de 5 mètres au moins;

35° Les personnes qui ne casseraient pas les glaces au devant de leurs maisons; qui, en cas de verglas, n'y jetteraient pas de la cendre, du sable ou du mâchefer; qui déposeseraient dans les rues des neiges et glaces provenant des cours des habitations; qui en jetteraient auprès des grilles et bouches d'égouts ou dans ces égouts, et, enfin, celles qui formeraient des glissades sur les boulevarts, places et autres parties de la voie publique (*ord. du 7 déc. 1842*);

36° Les propriétaires de voitures de roulage et de toute espèce de voitures, même traînées à bras, servant au transport des marchandises, matériaux et autres objets, qui n'auraient point cloué en avant de la roue et au côté gauche de la voiture une plaque de métal indiquant, en caractères lisibles, leur nom, domicile, et la ville qu'ils habitent (*avis du préfet de police du 6 nov. 1844*);

37° Les propriétaires ou locataires qui ne feraient pas balayer la voie publique, gratter et laver les trottoirs chaque jour au-devant de leurs maisons, boutiques, etc., entre 6 et 7 heures du matin, du 1er avril au 1er octobre, et entre 7 et 8 heures, depuis le 1er octobre jusqu'au 1er avril; ceux qui déposeraient sur la voie publique des bouteilles cassées, morceaux de verre, de poterie et tous autres objets pouvant occasionner des accidents. (Ces objets doivent être portés aux voitures du nettoiement au moment de leur passage);

Les personnes qui secoueraient sur la voie publique des tapis ou autres objets pouvant salir ou incommoder les passants; ceux qui jetteraient dans les égouts des corps ou matières pouvant obstruer ou infecter ces égouts, ou qui ne feraient pas nettoyer intérieurement et dégager les gargouilles placées sous les trottoirs des rues et dallage des boulevarts, aux heures prescrites pour le balayage (*ord. du 5 nov. 1846.*)

38° Les propriétaires ou locataires qui, pendant la durée des chaleurs, ne feraient pas arroser, à **11** heures du matin et à **3** heures de l'après—midi, la partie de la voie publique au—devant de leurs maisons, boutiques, jardins et autres emplacements, et qui ne feraient pas écouler les eaux des ruisseaux pour en éviter la stagnation ;

Les propriétaires ou locataires de passages publics et à ciel ouvert, existant sur des propriétés particulières, ainsi que les concessionnaires de ponts pavés ou cailloutés dont le passage est soumis à un droit de péage, qui ne se conformeraient à la précédente disposition (*même ordonnance*);

Les personnes qui se serviraient de l'eau stagnante des ruisseaux pour arroser, ou qui lanceraient l'eau sur la voie publique de manière à gêner la circulation ou à éclabousser les passants (*ord. du* 27 *juin* 1843) ;

Ainsi que les contraventions dont il va être question ci-après.

2ᵉ SECTION.

Contraventions communes à toute espèce de voitures, Diligences, Fiacres, Cabriolets, Charrettes, etc., ainsi qu'aux Chevaux, Anes, Mulets et autres Animaux de charge ou de trait.

ART. 50. Demande. *Quelles sont les contraventions communes aux voitures de toute espèce, ainsi qu'aux chevaux, ânes, mulets et animaux de charge ou de trait, relativement aux boulevarts ou promenades publiques?*

Réponse, Lorsque ces voitures, chevaux, etc., traversent les promenades publiques ou contre-allées des boulevarts réservées aux piétons, à moins que ce ne soit pour entrer dans une propriété riveraine, lorsque le sol de la traverse aura été disposé à cet effet ; il en est de même des conducteurs qui font passer les roues de leurs voitures sur les trottoirs (même les charrettes à bras), ainsi que ceux qui y forment des dépôts de matériaux sans une permission du préfet de

51. D. *En cas de contravention à l'ordonnance du 15 janvier 1841, que doivent faire les sous-officiers et gardes ?*

52. D. *Quelle est l'allure que doivent observer les conducteurs de voitures de toute espèce, en traversant les ponts du canal Saint-Martin, en passant aux barrières de Paris, aux détours des rues, à la descente des ponts, et généralement dans les endroits où la pente est rapide ?*

53. D. *Quelles sont les principales rues où la descente est rapide, et où la garde républicaine doit porter une attention toute particulière à l'égard des voitures y circulant ?*

police, qui comblent les fossés, ou enfin qui y font pâturer les bestiaux (*ord. du 15 janv. 1841*).

R. Ils doivent signaler ces contraventions par des procès-verbaux, et en cas de rébellion ou de doute sur l'individualité des contrevenants, les conduire devant un commissaire de police (*ord. du 15 janv. 1841*).

R. Ils sont en contravention lorsqu'ils conduisent leurs voitures autrement qu'au pas, en traversant les endroits précités (*ord. du 15 janv. 1841*).

R. Rues du Faubourg-St-Martin, près de St-Laurent ; du Faubourg-St-Denis, près St-Lazare ; du Petit-Carreau, des Martyrs, St-Hyacinthe-St-Michel, de la Montagne-Ste-Geneviève, des Fossés-St-Victor. Indépendamment de ces endroits, une surveillance spéciale doit être exercée chaque jour, surtout à l'arrivée et au départ des malles-postes, rues Jean - Jacques-Rousseau, Montmartre, Tiquetonne, Coquillière, Grenelle-St-Honoré, etc., etc., enfin sur toutes les lignes parcourues par les malles-postes, messageries, diligences et autres voitures.

54. D. *Doit-on se borner à constater les contraventions des conducteurs de voitures de toute espèce, lorsqu'ils ne conduisent pas leurs voitures au pas, en passant sur les ponts du canal Saint-Martin, aux barrières de Paris, et généralement dans tous les endroits où la pente est rapide?*

R. Non : on doit exiger que tout cocher arrête immédiatement sa voiture pour n'aller qu'au pas, et, en cas de refus ou de rébellion, conduire les fauteurs devant un commissaire de police, à moins que ce ne soit une diligence ou messagerie, à l'égard desquelles cette mesure serait difficile à cause de leur service (*ord. du 1er juill.* 1831).

55. D. *Quelle est l'heure interdite aux voitures de toute espèce pour la circulation dans les halles et marchés?*

R. Depuis cinq heures jusqu'à dix heures du matin : les halles du centre, la rue St-Denis, depuis celle des Lombards jusqu'à celle de la Grande-Truanderie ; rues de la Ferronnerie et St-Honoré, jusqu'à celle du Roule ; rue de la Tonnellerie, place St-Eustache, rue Traînée, jusqu'à celle Montorgueil, et enfin toutes les rues comprises dans l'espace circonscrit par les rues ci-dessus désignées. Les voitures qui vont prendre ou déposer leur chargement sont exceptées des dispositions précitées (*ordonn. du 21 janvier* 1832).

56. D. *En cas de contravention à l'ordonnance précitée, que doivent faire les sous-officiers et gardes?*

R. Ils doivent s'assurer d'une manière positive de l'individualité des contrevenants et constater leurs contraventions par un procès-verbal ; et, dans le cas où le contrevenant ne serait pas domicilié dans le ressort de la préfecture, le conduire devant le commissaire de police (*ord du 21 janvier* 1832).

57. D. *A quelle heure doivent entrer dans Paris les voitures de toute espèce qui approvisionnent les halles et marchés ?*

R. Elles ne peuvent entrer dans Paris qu'après minuit, et doivent être conduites au pas (*ord. du* 28 *juin* 1833).

58. D. *En cas de contravention à l'ordonnance précitée, que doit-on faire ?*

R. On doit conduire les voitures à la fourrière publique, rue Guénégaud , n° 31 (*ord. du* 28 *juin* 1833). Dans tout ordre d'envoi à la fourrière publique, la mention sommaire du motif doit être indiquée : dire s'il s'agit de chevaux vicieux ou affectés de maladies contagieuses, d'accidents graves causés par ces voitures, ou simplement de contravention aux ordonnances de police , etc. , surtout lorsqu'il s'agit d'une voiture de place. (Voir l'art. 473 du Formulaire des procès-verbaux.)

59. D. *Quel est le nombre de chevaux que l'on peut confier à un individu pour être conduits à l'abreuvoir, et peuvent-ils y être conduits la nuit ?*

R. Dans aucun cas, les chevaux ne pourront être conduits à l'abreuvoir pendant la nuit , et, dans le jour , un même individu ne pourra en conduire plus de trois à la fois, y compris celui sur lequel il sera monté ; ils devront aller au pas (*ord. de police du* 9 *mai* 1831).

3ᶜ SECTION.

Diligences ou Messageries.

(Ordonnance du roi du 16 juillet 1828.)

ART. 60. Demande. *Quelles sont les contraventions qui doivent être constatées avec soin pour prévenir les accidents déplorables causés journellement par l'inexécution des ordonnances et règlements concernant les diligences et messageries ?*

Réponse. 1° Les voitures dans lesquelles les voyageurs excéderaient le nombre voulu ;

2° Celles dans lesquelles la partie du chargement dépasserait la traverse en fer divisant le panier. La bâche doit être placée immédiatement au-dessous de cette traverse et ne jamais la dépasser.

3° Celles où il y aurait des objets placés autour de l'impériale ou au dehors de la bâche ;

4° Les postillons qui descendraient de dessus leurs chevaux ou qui les quitteraient ;

5° Ceux qui conduiraient leurs voitures au galop sur les routes, et autrement qu'au petit trot dans les communes rurales ;

61. D. *Que doit-il exister à l'extérieur de la caisse d'une diligence ou messagerie ?*

R. Le nom du propriétaire ou de l'entrepreneur, et l'estampille délivrée par l'administration des contributions indirectes , ainsi qu'un numéro de 8 centimètres de hauteur, peint en blanc de chaque côté de la caisse, avec un double PP.

62. D. *Que doit-il exister dans l'intérieur de la caisse des diligences ou messageries?*

L'indication du nombre de places que chaque voiture doit contenir , ainsi que le numéro et le prix de chaque place, du lieu de départ à celui de la destination.

63. D. *Comment doivent être fermés les essieux des voitures dites diligences ou messageries?*

64. D. *Les diligences ou messageries doivent-elles être éclairées pendant la nuit?*

65. D. *Dans les cas d'excédant de voyageurs ou de sur-élévation de charge, prévus dans les trois premiers paragraphes de l'art. 60, doit-on faire descendre immédiatement les voyageurs ou déposer la surcharge?*

66. D. *Comment doivent être faits les procès-verbaux dressés à cette occasion?*

R. Les essieux doivent être fermés à chaque extrémité d'un écrou assujetti par une clavette, outre la machine à enrayer, qui doit pouvoir être manœuvrée de la place du conducteur. Les diligences doivent aussi être pourvues d'un sabot.

R. Elles doivent être éclairées, soit par une forte lanterne, placée au milieu de la caisse sur le devant, soit par deux lanternes placées aux côtés de cette même caisse.

R. Non; car, dans l'un et l'autre cas, cette mesure pourrait entraîner des rixes et des collisions fâcheuses, susceptibles de troubler l'ordre ou embarrasser la voie publique et gêner la circulation; on doit donc se borner à constater ces contraventions.

R. Indépendamment : 1° du numéro de la voiture; 2° de l'estampille des contributions indirectes; 3° du nom et domicile de l'entreprise à laquelle la voiture appartient, le procès-verbal doit encore désigner : le nom du conducteur, celui du postillon et la destination de la voiture (*lettre de* **M.** *le préfet en date du* 11 *avril* 1835).

2.

4ᵉ SECTION.

Voitures et Cabriolets sous remise.

(Ordonnances des 5 et 10 oct. 1843.)

Voitures de place, Fiacres, Cabriolets de l'Intérieur et de l'Extérieur.

(Ordonnances des 15 janvier 1841 et 25 mai 1849.)

ART. 67. Demande. *Que doit-on observer à l'égard des voitures de place, fiacres, cabriolets de l'intérieur, voitures et cabriolets sous remise ?*

R. On doit s'assurer que ces voitures et les chevaux présentent les garanties de solidité nécessaires pour ne point compromettre la sûreté du public ; — qu'elles soient numérotées : 1° à l'intérieur, sur la plaque indicative des tarifs ; 2° à l'extérieur, sur les panneaux de derrière et de côté ; 3° sur les deux lanternes dont elles doivent être pourvues ; — qu'elles contiennent à l'intérieur une plaque, en métal ou en peau blanche, indicative des tarifs des courses, de la hauteur de 18 centimètres sur 10 de largeur. Toutefois le numérotage des lanternes des voitures sous remise n'est point obligatoire.

68. D. *Quelles sont les obligations imposées aux cochers des voitures de place et ous remise ?*

R. 1° Il leur est enjoint de remettre à l'une des personnes qu'ils conduisent une carte portant le numéro de la voiture ; 2° de laisser entre leur voiture et les maisons, toutes les fois qu'ils sont obligés de stationner dans les rues sans trottoirs, l'espace nécessaire pour la circulation des piétons ; 3° de marcher à toute

69. D. *Quelles sont les pièces dont les cochers des voitures de place ou sous remise, ou les entrepreneurs conduisant eux-mêmes, doivent être constamment pourvus et qu'ils doivent produire à toute réquisition des agents de l'autorité?*

réquisition, qu'on les prenne sur la voie publique lorsque leur voiture n'est pas louée, ou sur station, quel que soit le rang qu'occupe leur voiture dans la file ; 4° toute impolitesse, tout acte de grossièreté des cochers envers le public, doit être sévèrement réprimé.

R. 1° Un livret de maître contenant les ordonnances des 15 janvier 1841 et 25 mai 1842, s'il s'agit d'une voiture de place, ou celles des 5 et 10 octobre 1843, s'il s'agit d'une voiture sous remise;

2° Un permis de circulation et de station de la voiture, contenant le signalement et le numéro de la voiture ;

3° Un laissez-passer, délivré par l'administration des contributions indirectes ;

4° Un certain nombre de cartes imprimées pour les courses de la journée, indiquant le numéro de la voiture ;

5° Un bulletin d'entrée en service (l'entrepreneur conduisant lui-même est dispensé de produire cette pièce) ;

6° Une plaque en cuivre, portée ostensiblement, indiquant les nom et prénoms du cocher, le numéro de son inscription à la préfecture de police, et cette légende : « *Cocher ou entrepreneur de voitures de place* (1) » ;

7° Un permis de conduire indiquant le signalement du cocher, son domicile et son numéro d'inscription à la préfecture de police.

70. D. *Quelles sont les pièces dont les apprentis cochers doivent être pourvus ?*

R. 1° Une plaque en cuivre attachée au bras gauche par un brassard en cuir et portant cette légende : « *Apprenti cocher* (1); »

----

(1) Ces deux articles ne sont point applicables aux cocher des cabriolets et voitures sous remise.

2° Un extrait timbré de leur inscription au **registre**;

3° Leurs papiers de sûreté. Il leur est défendu de se dessaisir de ces différentes pièces en faveur de qui que ce soit; ils doivent les représenter à toute réquisition des agents de l'autorité.

71. D. *Quelles sont les obligations des apprentis cochers (1)?*

R. Ils ne peuvent jamais conduire seuls, et il leur est interdit de monter sur le siége une heure après le coucher du soleil.

72. D. *Quels sont les cas pour lesquels les cochers de voitures sous remise ou de voitures de place doivent être arrétés, conduits chez le commissaire de police et leur voiture mise en fourrière?*

R. 1° Lorsque les voitures ne sont pas en bon état de solidité et de propreté;

2° Lorsque les chevaux sont entiers, malades ou hors d'état de faire le service;

3° Lorsque le cocher aura été privé de son permis de conduire ou qu'il ne pourra le représenter;

4° Lorsque le cocher ne sera point porteur de cartes imprimées pour les courses de la journée;

5° Lorsque le cocher sera dans un état de malpropreté évidente, ou qu'il sera dans un état d'ivresse capable de compromettre la sûreté des habitants;

6° Lorsque le cocher ne sera pas muni des papiers détaillés à l'article 69;

7° Tout cocher qui serait porteur de la plaque et des papiers d'un autre qui lui aurait confié sa voiture;

8° Toute femme, même celles autorisées à s'habiller en homme, qui conduiraient une voiture publique;

9° Tout cocher qui offrirait sa voiture au public, soit par gestes ou paroles, lorsqu'elle n'est pas en station sur les endroits à ce affectés, ou qui parcourrait la voie publique au pas en racolant les passants, en faisant exécuter à sa voiture un va-et-vient continuel sur la même ligne, afin de faire comprendre au public qu'il est à sa disposition;

10° Tout cocher qui stationnerait, depuis minuit jusqu'à

---

(1) N'est pas applicable aux cabriolets et voitures sous remise.

6 heures du matin , ailleurs que sur les places désignées par les ordonnances de police (1);

11° Tout apprenti qui conduirait seul une voiture de place, ou qui serait monté sur le siége une heure après le coucher du soleil ;

12° Toute voiture qui n'aurait pas dans l'intérieur une plaque indicative des tarifs prescrits par l'ordonnance du 25 mai 1842 et 10 octobre 1843, pour les cabriolets et voitures sous remise, ou qui ne serait pas numérotée ;

13° Tout cocher qui aurait commis un accident grave sur la voie publique ;

14° Tout cocher qui ne serait point âgé de 18 ans au moins.

73. D. *Quels sont les cas où l'on doit dresser un simple procès-verbal de contravention contre les cochers de voitures de place ou sous remise ?*

R. 1° Lorsqu'ils auront confié à un autre leurs papiers, leur plaque ou la conduite de leur voiture ;

2° Lorsqu'ils traversent les halles du centre avant dix heures du matin ;

3° Lorsqu'ils font passer les roues de leurs voitures dans les ruisseaux, lorsqu'ils peuvent l'éviter, et contre les murs, les bornes et les trottoirs ;

4° Lorsqu'ils font galoper leurs chevaux et qu'ils ne vont pas au pas dans les marchés, les rues étroites, à la descente des ponts, des montées, au passage des barrières, aux carrefours et aux tournants des rues ;

5° Lorsqu'ils lavent leurs voitures , soit sur les stations, soit sur tout autre point de la voie publique , et qu'ils jettent ailleurs que dans les ruisseaux l'eau qui reste dans les seaux après avoir fait boire leurs chevaux ;

6° Lorsque étant à la porte des particuliers, ils quittent leurs chevaux ;

---

(1) Ces places sont : place du Palais-National, rue du Colysée, boulevart de la Madeleine, boulevart des Italiens, place Breda, rue Richer. rue Neuve-de-la-Fidélité. place des Victoires, place du Louvre, place du Caire, boulevart Saint-Martin, boulevart du Temple, rue Nationale-Saint-Martin , rue des Quatre-Fils , rue Bar-du-Bec , rue Payenne , boulevart Saint-Antoine, quai des Ormes, Parvis Notre-Dame, quai Malaquais, rue de Sèvres , rue de l'Université (palais de l'Assemblée-Nationale), place Saint-Michel, quai des Grands-Augustins, place Maubert, rue du Jardin-des-Plantes.

7º Lorsque n'étant point retenus, ils font stationner leurs voitures ailleurs que sur les points à ce affectés;

8º Lorsqu'ils fument en conduisant leurs voitures ; lorsqu'ils ôtent leurs habits (même pendant les chaleurs), et lorsqu'ils conduisent en blouse ;

9º Lorsqu'ils laissent monter le public sur l'impériale, sur le siége ou derrière leur voiture (les domestiques des personnes conduites peuvent seuls monter derrière la voiture);

10º Lorsqu'ils accrochent les sacs à avoine ou musettes au siége ou à toute autre partie extérieure de la voiture (le fourrage doit être placé dans les coffres);

11º Lorsqu'ils circulent après la chute du jour sans avoir allumé leurs lanternes ;

12º Lorsqu'ils coupent ou interrompent les files des voitures à la sortie des établissements publics ou dans les cérémonies ;

13 Lorsqu'ils quittent les rênes de leurs chevaux pendant que les personnes qu'ils conduisent aux théâtres, ou autres établissements publics, montent ou descendent de leurs voitures ;

14º Lorsqu'ils gênent la circulation en se réunissant en groupe dans les rues ou sur les trottoirs, et qu'ils troublent la tranquillité publique, soit par des disputes, des rixes, ou en faisant claquer leur fouet ;

15º Lorsqu'ils font manger ou boire leurs chevaux ailleurs que sur les places réservées. Lorsque les cochers sont gardés, ils peuvent faire manger l'avoine là où ils se trouvent, mais à condition qu'elle sera renfermée dans une musette attachée au cou du cheval, et qu'ils se tiendront à la tête de leurs chevaux ;

16º Lorsqu'ils débrident entièrement leurs chevaux pour les faire boire ou manger (ils ne doivent leur enlever que le mors de la bouche);

17º Lorsqu'ils dégradent ou laissent dégrader les arbres des promenades publiques par leurs chevaux ;

18º Lorsque les chevaux n'ont pas au cou un grelot dont le bruit puisse avertir les passants (cette contravention ne s'applique qu'aux cochers de cabriolets) ;

19º Lorsque les cochers refusent de marcher, soit dans l'intérieur de Paris, soit à l'extérieur de Paris, dans le ressort de la préfecture de police, aux prix fixés par le tarif et aux heures indiquées par les ordonnances des 25 mai 1842, 10 octobre 1843 et 1er juin 1846. (Voir, à ce sujet, les art. 76 à 84.)

74. D. *Quelles sont les dispositions particulières pour les cabriolets dits de l'extérieur ?*

R. Ces cabriolets doivent porter à l'intérieur, sur une plaque en métal fixée au milieu de l'impériale, et à l'extérieur sur les panneaux de côté au-dessus du numéro, l'indication du nombre des places ; — ils ne doivent recevoir sur la banquette extérieure que trois personnes, y compris le cocher ; — quand ils transportent des meubles ou des paquets, le chargement doit être fait de manière à prévenir toute espèce d'accident.

75. D. *Quelles sont les dispositions particulières aux cabriolets sous remise ?*

R. Ils ne doivent jamais stationner en dehors des dépôts intérieurs qui leur sont affectés, et ces dépôts doivent toujours être fermés par une chaîne, ou les chevaux attachés le long du mur.

76. D. *Quel est le Tarif du prix de la course ou de l'heure pour le transport de voyageurs, par Voiture sous remise ou Voiture de place, dans Paris, de 6 heures du matin à minuit, ou de minuit à 6 heures du matin, et à l'extérieur de Paris, de 6 heures du matin à minuit, soit en dedans, soit en dehors du mur d'enceinte des fortifications ; et quelles sont les dispositions réglementaires qui se rattachent aux diverses parties de ce Tarif ?*

R. En exécution des ordonnances des 25 mai 1842, 10 octobre 1843 et 1er juin 1846, le tarif pour le service des voitures sous remise et celui pour le service des voitures de place, réunis dans ce volume en un seul tableau, ont été réglés ainsi qu'il suit :

INDICATION

DES DIVERSES ESPÈCES DE VOITURES

composant le Service

des Voitures sous remise et celui des Voitures de place.

VOITURES SOUS REMISE.

CARROSSES OU BERLINES à 2 chev.. { Prix de la course. . . . . .
                                       — de l'heure . . . .

PETITS CARROSSES , CALÈCHES et PHAÉTONS à 4 places, soit à 1 cheval, soit à 2 chevaux, et COUPÉS à 1 cheval ou à 2 chevaux. . . . . . . { Prix de la course. . . . . — de l'heure . . . .

CABRIOLETS à 2 ou à 4 roues, TILBURYS et BOGHEYS . . . . { Prix de la course. . . . . — de l'heure . . . . . .

VOITURES DE PLACE.

FIACRES à 2 chevaux (ordinaires et supplémentaires). . . . . { Prix de la course . . . . . — de la première heure. — des heures suivantes.

COUPÉS et PETITS FIACRES à 4 places, à 1 cheval ou à 2 chevaux. . . . . { Prix de la course . . . . . — de la première heure. — des heures suivantes.

CABRIOLET à 2 ou 4 roues . . . . . { Prix de la course. . . . . — de la première heure. — des heures suivantes.

Nota. Une plaque indicative des Tarifs concernant les voitures sous remise et les Voitures de place est apposée dans chacune de ces voitures.

D'après une décision du 25 juin 1847 (*Voir* art. 84, page 45), on a ajouté sur ces Tarifs une disposition qui oblige les cochers à recevoir dans leurs voitures, sans augmentation de prix, les paquets et bagages des voyageurs , toutes les fois que le poids , le volume et la nature de ces objets permettent de les-y placer.

Aucun de ces Tarifs n'est applicable aux voitures de l'Extérieur, dites *Coucous.*

remise et pour les Voitures de place.

TARIF			
Pour l'intérieur de Paris.		Pour l'extérieur de Paris. (3)	
De six heures du matin à minuit.	De minuit à six heures du matin. (1)	En dedans du mur d'enceinte des fortificat. (2)	En dehors du mur d'enceinte des fortificat. (4)
fr.　c.	fr.　c.	fr.　c.	fr.　c.
2　»	»　»	»　»	»　»
2　50	3　»	3　50	4　»
1　50	»　»	»　»	»　»
2　»	2　50	3　»	3　50
1　50	»　»	»　»	»　»
2　»	2　50	2　50	3　»
1　50	2　»	»　»	»　»
2　25	3　»	2　50	3　»
1　75	3　»	2　50	3　»
1　25	1　65	»　»	»　»
1　75	2　50	2　»	2　50
1　50	2　50	2　»	2　50
1　»	1　65	»　»	»　»
1　50	2　50	1　75	2　25
1　25	2　50	1　75	2　25

(1) Comprenant les communes du département de la Seine, et celles de Saint-Cloud, Sèvres et Meudon (Seine-et-Oise).

(2) De minuit à 6 heures du matin, les cochers de voitures sous remise ne peuvent être contraints à marcher qu'au prix de l'heure (*V.* le paragraphe 1er de l'art. 77).

(3) A l'exception des lieux indiqués au 3e paragraphe de l'art. 77, aucun cocher ne peut être contraint à se rendre hors Paris, qu'autant qu'il sera pris à l'heure (*Voir* le paragraphe 1er de l'art. 81, et, pour les heures de circulation, *voir* l'article 79).

(4) *Voir*, pour les heures de circulation, l'article 80; et pour les dispositions spéciales au bois de Boulogne, le 3e paragraphe de l'art. 81, page 45.

77. D. *Quelles sont les dispositions spéciales aux voitures sous remise ou de place pour l'intérieur de Paris?*

R. 1o Pour prévenir les discussions qui pourraient s'élever, relativement au tarif, entre le public et les cochers, il est enjoint à ces derniers de demander aux personnes qui montent dans leurs voitures si elles entendent être conduites à l'heure ou à la course. Toutefois, les cochers de voitures sous remise ne peuvent être contraints de marcher, de minuit à six heures du matin, qu'autant qu'ils seront pris à l'heure;

2o Tout cocher qui sera pris, soit dans un lieu de remisage ou sur une station de voitures, soit sur un point quelconque de la voie publique, pour aller charger à domicile, sera tenu de marcher à la course toutes les fois qu'il en sera requis, quel que soit l'éloignement de ce domicile;

3o Les cochers qui seront pris dans Paris pour transporter des voyageurs aux cimetières de l'Est, du Nord et du Sud, ou à l'embarcadère des chemins de fer de Versailles (rive gauche) et de Sceaux, ainsi qu'à l'Hippodrome; soit à ces cimetières, ou à ces embarcadères, ou à l'Hippodrome, pour se rendre dans Paris, seront tenus de marcher aux prix fixés pour l'intérieur. *Voir* pages 40 et 41;

4o Les cochers devront se faire payer d'avance lorsqu'ils conduiront des personnes aux embarcadères des chemins de fer, aux théâtres, spectacles, bals, concerts et autres lieux de réunion et de divertissements publics. Ils sont encore autorisés à se faire payer d'avance lorsque les personnes qu'ils conduiront descendront à l'entrée d'un jardin public et de tout autre lieu où il est notoire qu'il existe plusieurs issues;

5o Tout cocher pris entre onze heures et minuit, et qui arrivera à sa destination après minuit, n'aura droit qu'au prix fixé pour le jour, mais seulement pour la première course ou la première heure. Celui qui aura été pris entre cinq et six heures du matin, et qui n'arrivera à sa destination qu'après six heures, aura droit au prix fixé pour la nuit, mais seulement pour la *première heure*, si c'est une voiture de remise, attendu que ces voitures ne marchent, après minuit, qu'au prix de l'heure; ou pour la première course ou pour la première heure, si c'est une voiture de place;

6o Le cocher qui, dans une course, aura été détourné de son chemin par la volonté de la personne qui l'emploiera, sera censé avoir été pris à l'heure, et sera payé en conséquence. Le cocher qui, sans être détourné de son chemin, sera requis de déposer en route une ou plusieurs des personnes qui se trouveront dans sa voiture, n'aura droit qu'au prix de la course;

7o Lorsqu'un cocher marchera à l'heure, il lui sera dû le prix total de l'heure, lors même qu'il n'aura pas été employé pendant l'heure entière. Lorsque le cocher, pris à l'heure, aura été employé pendant plus d'une heure, le prix qui lui sera dû, à compter de la deuxième heure, sera calculé sur l'espace de temps pendant lequel il aura été employé.

78. D. *Existe-t-il d'autres dispositions relatives aux voitures sous remise ou de place pour l'intérieur de Paris?*

R. 1o Oui. Tout cocher qui aura été appelé pour aller chercher quelqu'un à domicile, et qui sera renvoyé sans être employé, recevra, à titre d'indemnité de déplacement, le prix d'une demi-course, calculé d'après les prix établis pour l'intérieur de Paris. *Voir* pages 40 et 41;

2o Tout cocher qui, en se rendant dans un lieu de remisage ou sur une station de voitures, ou lorsqu'il se trouvera sur un point quelconque de la voie publique ou hors de place, chargera, soit pour l'intérieur, soit pour l'extérieur de Paris, sera censé avoir été pris ou dans un lieu de remisage ou sur une station. Il ne pourra, dans aucun cas, exiger un salaire plus élevé que celui qui est déterminé par le tarif pour l'intérieur de Paris. *Voir* pages 40 et 41;

3o Les droits de péage pour passage des ponts ou bacs ne seront à la charge des voyageurs que lorsque ces derniers auront demandé à passer sur ces ponts ou bacs.

79. D. *Quelles sont les dispositions spéciales aux voitures sous remise ou de place pour les voyages en dedans du mur d'enceinte des fortifications?*

R. 1o Les cochers ne seront tenus, en aucune saison, de sortir de Paris, après minuit, pour se rendre sur le territoire situé en dedans du mur d'enceinte des fortifications. Si, après cette heure, les cochers consentent à sortir de Paris, le prix du voyage sera réglé de gré à gré entre eux et le public;

2o Tout cocher qui sera pris entre onze heures et minuit ne pourra, lors même qu'il arrivera à sa destination après minuit, exiger un salaire plus élevé que celui qui est fixé pour le territoire compris dans le mur d'enceinte des fortifications. *V.* p. 40 et 41;

3o Lorsque le voyageur, arrivé à destination, renverra la voiture, il ne sera point tenu de payer au cocher le temps du retour; mais il devra payer le prix total de l'heure, lors même que la course aurait été faite en moins d'une heure.

80. D. *Quelles sont les dispositions spéciales aux voitures sous remise ou de place pour les voyages en dehors du mur d'enceinte des fortifications?*

R. 1o Les cochers ne seront pas tenus de sortir de Paris, pour se rendre sur le territoire situé en dehors du mur d'enceinte des fortifications, après sept heures du soir en hiver, et neuf heures en été. Si, après ces heures, les cochers consentent à marcher, le prix du voyage sera réglé de gré à gré entre eux et le public;

2o Tout cocher qui sera pris, en hiver, entre six et sept heures du soir, et, en été, entre huit et neuf heures, ne pourra, lors même qu'il arrivera à sa destination après sept et neuf heures, exiger un salaire plus élevé que celui qui est fixé pour le territoire situé en dehors du mur d'enceinte des fortifications. *Voir* pages 40 et 41;

3º Lorsque le voyageur, arrivé à sa destination, renverra la voiture, le retour sera payé au cocher en raison du temps qu'il aura mis pour se rendre du point de Paris où il aura été pris au lieu où la voiture aura été abandonnée; mais lorsque le temps employé par un cocher pour se rendre au lieu de la destination, ajouté au temps qui devra être employé pour le retour, ne dépassera pas une heure, il ne lui sera dû que le prix de l'heure.

81. D. *Quelles sont les dispositions communes aux voitures sous remise ou de place pour les voyages, soit en dedans, soit en dehors du mur d'enceinte des fortifications?*

R. 1º Aucun cocher ne pourra être contraint à se rendre sur le territoire situé, soit en dedans, soit en dehors du mur d'enceinte des fortifications, qu'autant qu'il sera pris à l'heure;

2º Les prix établis pour l'extérieur de Paris ne sont point applicables aux locations à la journée. Le prix de ces locations continuera d'être réglé de gré à gré entre le public et les cochers;

3º Les prix fixés par le tarif ci-dessus seront obligatoires, tant à l'extérieur que dans l'intérieur de Paris. Lorsque le cocher sera pris sur l'un des points du territoire compris dans le ressort de la préfecture de police (1) pour venir à Paris, il ne lui sera dû que le prix du temps pendant lequel il aura été employé. Lorsque le cocher sera pris sur un point de ce territoire pour se rendre sur un autre point de ce même territoire, le prix du voyage sera réglé de gré à gré;

4º Les cochers qui conduiront des voyageurs sur l'un des points du territoire compris dans le ressort de la préfecture de police seront tenus de faire faire à leurs chevaux 8 kilom. à l'heure;

5º Lorsque le voyageur qui se sera fait transporter sur l'un des points du territoire compris dans le ressort de la préfecture de police reviendra à Paris avec la voiture, le salaire du cocher devra être calculé sur l'espace de temps pendant lequel ce cocher aura été employé; mais le prix de la première heure devra toujours lui être payé en entier;

6º Lorsque les cochers seront arrivés à destination, et qu'ils devront ramener le voyageur, ils auront droit à un temps de repos qui ne pourra dépasser le tiers du temps qu'ils auront mis à se rendre au lieu de la destination. Le prix du temps de repos devra être payé par le voyageur conformément aux prix déterminés pour l'extérieur de Paris. *Voir* p. 40 et 41;

7º Les cochers qui seront pris dans Paris pour transporter

---

(1) Le ressort de la préfecture de police comprend le département de la Seine et les communes de Saint-Cloud, Sèvres et Meudon, du département de Seine-et-Oise.

des voyageurs sur quelque point que ce soit du bois de Boulogne, ou dans ce bois pour venir à Paris, seront tenus de marcher au prix fixé pour le territoire situé en dedans du mur d'enceinte des fortifications, c'est-à-dire 3 fr. 50 c., 3 fr. ou 2 fr. 50 c. l'heure, suivant l'espèce de voiture sous remise qu'on aura choisie; ou 2 fr. 50 c., 2 fr. ou 1 fr. 75 c. l'heure, suivant l'espèce de voiture de place dont on se sera servi.

82. D. *Comment doit être payé un cocher de voitures sous remise ou de place qui, ayant d'abord été employé dans Paris, reçoit l'ordre de se transporter sur l'un des points compris dans le ressort de la préfecture de police (1)?*

R. Les prix établis pour l'extérieur de Paris ne seront dus au cocher qu'à compter du moment où le voyageur aura fait connaître son intention de sortir de Paris.

83. D. *Quel est le nombre de personnes que les cochers de voitures de place de l'intérieur de Paris sont obligés de recevoir?*

R. 1° Pour un grand fiacre à 2 chevaux, 4 personnes et un enfant;

2° Pour un petit fiacre à 1 cheval ou à 2 chevaux, 4 personnes;

3° Pour un coupé, 3 personnes.

4° Pour un cabriolet à 2 ou 4 roues, 2 personnes.

Les cochers ne peuvent être contraints à recevoir des animaux dans leurs voitures.

84. D. *Les cochers doivent-ils recevoir dans leurs voitures, sans augmentation de prix, les paquets et bagages des voyageurs?*

R. Oui, d'après une décision du 25 juin 1847, les cochers sont tenus de recevoir dans leurs voitures, sans augmentation des prix fixés par les tarifs indiqués pages 40 et 41, les paquets et bagages des voyageurs, toutes les fois que le poids, le volume et la nature de ces objets permettent de les y placer.

---

(1) Le département de la Seine et les communes de Saint-Cloud, Sèvres et Meudon.

5e SECTION.

Voitures bourgeoises.

(Ordonnance du 20 avril 1843.)

Voitures de remise conduites par des cochers au service des locataires.

(Ordonnance du 5 octobre 1843.)

85. Demande. *Les cabriolets bourgeois doivent-ils, comme ceux de place, être numérotés, et, dans ce cas, quelle est la forme du numéro qui leur est particulière?*

Réponse. Aucun cabriolet bourgeois à 2 roues ne doit circuler sans être numéroté. Ce numéro doit être en chiffres arabes rouges, de 4 cent. de hauteur, et apposé sur les panneaux de derrière et de côté (*ord. du 20 avril 1843*).

Les cabriolets de remise à 2 roues doivent être numérotés en chiffres arabes rouges, de 5 cent. 1/2 de hauteur (*ord du 6 oct. 1843*).

86. D. *Dans quels cas les voitures, cabriolets bourgeois ou de remise circulant dans Paris, sont-ils en contravention?*

R. Lorsque ceux à 2 roues ne sont pas numérotés, lorsque les uns et les autres circulent la nuit sans avoir de lanternes allumées, lorsqu'ils sont conduits dans les rues de Paris plus vite qu'au trot, et enfin lorsqu'ils sont conduits par des femmes et des enfants au-dessous de seize ans, et généralement lorsque les voitures bourgeoises, cabriolets et voitures de remise dont les cochers sont au service des locataires, se trouvent dans un des cas prévus par les art. 49, § 6; art. 50, 52; le 2e pa-

87. **D.** *Les cabriolets appartenant à des personnes domiciliées hors le ressort de la préfecture de police sont-ils astreints aux mêmes formalités que ceux du ressort de la préfecture, et, en cas de contravention, que devrait-on faire?*

ragraphe de l'art. 68; art. 72, §§ 9 et 13, et art. 73, §§ 9, 11, 12, 13 et 14 de la présente instruction (*ord. du 20 avril 1843 et 5 oct. même année*).

R. Il suffirait de s'assurer, par l'exhibition de leur passeport ou par tout autre moyen, que les contrevenants ne se trouvent que momentanément à Paris; et, dans le cas de doute, on devrait en référer au commissaire de police (*art. 4 de l'ord. du 20 avril 1843*).

OBSERVATIONS.

Les voitures et cabriolets bourgeois à 4 roues, ainsi que les voitures et cabriolets de remise, également à 4 roues, sont dispensés du numérotage, afin d'encourager le remplacement des cabriolets à 2 roues par les cabriolets à 4 roues, qui présentent plus de sécurité.

6e SECTION.

Charrettes, Fardiers, Diables, Camions, Haquets, etc.

(Ordonnance du 9 mai 1831.)

88. **Demande.** *Quels sont les cas où l'on doit constater les contraventions envers les conducteurs de charrettes, fardiers, diables, camions, haquets, etc.?*

Réponse. Lorsque ces voitures, même celles traînées à bras, ne sont pas garnies d'une plaque de métal en bon état, indiquant lisiblement le nom et le domicile du propriétaire; lorsque celles servant au transport du bois, pierres, moellons ou objets dont la chute peut occasionner des accidents, sont chargées au-dessus des ridelles ou exhaussées

89. D. *Dans le cas où le chargement dépasserait les ridelles, que doivent faire les sous-officiers et gardes?*

au moyen de piquets placés verticalement sur ces voitures.

R. Le dépôt sur la voie publique de matériaux, gravois ou autres objets dépassant les ridelles, pouvant entraver la circulation et amener de l'encombrement, on doit se borner à constater la contravention, et avoir soin d'insérer dans le procès-verbal la copie exacte de l'inscription peinte sur la plaque (*lettre de M. le préfet en date du* 11 *avril* 1835). *V.* l'art. 28.

90. D. *Que doit-on observer à l'égard des voitures qui stationnent sur la voie publique sans conducteurs?*

R. On doit s'assurer si les conducteurs en sont éloignés pour tout autre motif que celui de porter leurs marchandises dans les établissements auxquels elles sont destinées.

91. D. *Les conducteurs des voitures suspendues ou non suspendues peuvent-ils monter dans leurs voitures?*

R. Il leur est défendu de monter dans leurs voitures, à moins qu'elles n'aient un siége ou une banquette sur le devant, qu'elles ne soient attelées d'un seul cheval, qui devra, dans ce cas, être conduit en guides et au pas (*ord. du* 9 *mai* 1831, *art.* 4).

92. D. *Quelles sont les personnes auxquelles il est défendu de conduire les voitures ou chevaux dans Paris?*

R. Tout individu non valide ou âgé de moins de seize ans. Dans aucun cas, les femmes ne devront conduire des chevaux non attelés (*ord. précitée du* 9 *mai* 1831).

7ᵉ SECTION.

Vidanges.

Ordonnances des 5 juin 1834 et 23 octobre 1819.)

93. Demande. *Quelle est la surveillance à exercer à l'égard des voitures et appareils employés à la vidange des fosses d'aisances dans Paris?*

Réponse. Les entrepreneurs de vidange doivent être munis d'une permission délivrée par la préfecture de police. Les voitures employées à ce service ne peuvent circuler dans Paris avant dix heures du soir, ni après huit heures du matin, du 1ᵉʳ octobre au 31 mars; et avant onze heures du soir, ni après six heures du matin, du 1ᵉʳ avril au 30 septembre. Elles doivent porter le nom et la demeure de l'entrepreneur, en gros caractères, sur la traverse du devant, et être garnies d'une lanterne allumée. On doit aussi veiller à ce qu'une lanterne allumée soit placée devant la maison où s'opère la vidange, et que les vidangeurs lavent, avant de se retirer, la place qu'ils ont occupée sur la voie publique.

94. D. *Les voitures servant au transport de la vidange peuvent-elles sortir de Paris par toutes les barrières?*

R. Non : elles ne doivent sortir que par la barrière du Combat ou celle de Pantin.

95. D. *Quelle est la forme des tonneaux dont peuvent se servir les entrepreneurs de vidange dans Paris?*

R. Ils ne peuvent se servir que de tonnes, tinettes, etc., de **2** mètres cubes au plus de capacité, bien fermées, afin qu'il ne se répande pas de vidange sur la voie publique. De même, toutes les matières, en général, passées à l'état

3

96. D. *Quelle est la sur-veillance à l'égard du trans-port d'appareils de fosses mo-biles dans Paris?*

putride ou pouvant compro-mettre la salubrité, ne peu-vent être transportées dans Paris que dans des tonneaux hermétiquement fermés et lu-tés (*ord. du 5 nov.* **1846**).

R. On doit veiller à ce qu'aucun transport d'appareils de fosses mobiles n'ait lieu dans Paris avant sept heures du matin, et après quatre heures du soir, du 1ᵉʳ octobre au **31** mars; et avant cinq heures du matin, ni après une heure de relevée, du 1ᵉʳ avril au **30** septembre.

97. D. *Quelle est la sur-veillance à exercer à l'égard des matériaux provenant de la démolition des fosses d'ai-sances?*

R. Ils ne doivent jamais être déposés sur le sol des rues et places (*ord. du* **25** *oct.* **1819**, *art.* **14**).

98. D. *En cas de contra-vention aux ordonnances pré-citées, que doit-on faire?*

R Les signaler par des procès-verbaux ou rapports, en se conformant, pour leur rédaction, à ce qui a été pres-crit à l'art. **28** et aux obser-vations suivantes :

OBSERVATIONS.

Les contraventions doivent être constatées avec discerne-ment et sans passion. La garde républicaine ne doit point oublier que, plus ses attributions sont étendues et lui donnent d'autorité, plus elle doit en user avec calme et modération. Il lui est donc particulièrement recommandé d'apporter dans ce service la réserve et l'intelligence nécessaires pour le rendre utile au bien public.

Les militaires du corps doivent aussi insérer avec le plus grand soin, dans leurs procès-verbaux, tous les documents nécessaires pour faciliter la répression des contraventions constatées; car il arrive souvent que, faute d'indications assez précises, des contraventions bien réelles restent im-punies.

CHAPITRE III.

DE LA POLICE DE LA VOIE PUBLIQUE.

—

1re SECTION.

Crieurs, Chanteurs, Vendeurs et Distributeurs d'écrits, de dessins et lithographies ; Musiciens ambulants, Joueurs d'orgue et Saltimbanques.

§ 1er. — CRIEURS, CHANTEURS, VENDEURS ET DISTRIBUTEURS D'ÉCRITS, DESSINS ET LITHOGRAPHIES.

99. Demande. *Quelle est la surveillance à exercer sur la voie publique envers les individus ci-dessus désignés ?*

Réponse. Les crieurs, chanteurs, vendeurs et distributeurs d'écrits, de dessins et de lithographies, doivent : 1° être munis d'une permission du préfet de police, qu'ils devront faire renouveler tous les ans ; 2° porter ostensiblement une plaque où seront gravés les mots : *Loi du 16 février* 1834, leurs noms et profession, et le numéro de la permission ; 3° ne vendre ou distribuer sur la voie publique aucun écrit ou imprimé avant d'en avoir déposé deux exemplaires au bureau du commissaire de police ayant dans ses attributions les crieurs publics, où ce dépôt sera constaté par la remise au déposant de l'un des exemplaires revêtu du visa prescrit (1), que tout

(1) Ce visa ne pourra être considéré comme approbation de l'écrit ou du dessin déposé, ou comme dispense du timbre des écrits ou imprimés, et il n'empêchera pas la saisie des imprimés ou lithographies qui contiendraient une contravention aux lois, ou dont les dessins n'auraient pas été autorisés par le ministre de l'intérieur.

crieur ou distributeur devra garder soigneusement, afin de pouvoir le représenter, ainsi que leur permission, à toute réquisition des agents de l'autorité ; 4° ne vendre ou distribuer aucun écrit, imprimé ou lithographie sur lesquels ne se trouverait pas l'indication vraie des noms, profession et demeure de l'auteur, de l'imprimeur ou du lithographe ; 5° n'ajouter, lire ou débiter aucun sommaire ou commentaire au titre des écrits qu'ils annonceront sur la voie publique, ce qu'ils ne devront faire qu'en circulant, et ce, ni avant ni après les heures indiquées sur leur permission ; 6° enfin, ne circuler ou stationner sur la voie publique avec des écriteaux, lanternes, transparents ou autres moyens d'annoncer les imprimés à vendre, à moins d'une permission exceptionnelle du préfet de police.

100. D. *Est-il quelques écrits qu'on puisse distribuer sur la voie publique sans être porteur d'une permission de l'autorité?*

R. Non, car la simple distribution d'adresses, de prospectus quelconques, factures, etc., etc., est assujettie à une permission de l'autorité, et défense est faite à tout crieur de vendre ou distribuer des journaux, gazettes, feuilles quotidiennes ou périodiques, papiers-nouvelles, avis ou annonces qui n'auraient pas été soumis à la formalité du timbre, dont sont seuls exceptés, mais toujours soumis à la formalité du dépôt et du visa :

1° les lois et ordonnances du gouvernement, les ordonnances de police, les arrêts et jugements et les actes des autorités constituées, lorsqu'ils seront publiés conformément au texte; et 2° les prospectus et catalogues de librairie, annonces d'objets relatifs aux sciences et aux arts dont s'occupe l'industrie (*ord. du* 19 *oct.* 1839).

101. *Les chanteurs sont-ils soumis à d'autres conditions que celles imposées aux crieurs, vendeurs et distributeurs d'écrits, etc.?*

R. Oui. Indépendamment des conditions que tout chanteur doit remplir concernant sa permission, qui devra être visée tous les six mois, le port ostensible de la plaque indicative de sa profession, le dépôt, le visa et la conservation du visa des chansons qu'il voudra débiter, un chanteur ne doit : 1° chanter et vendre aucune chanson dont le dépôt n'aurait pas été fait au ministère de l'intérieur, et qui ne contiendrait pas l'indication des noms et demeure de l'imprimeur; 2° chanter, vendre et distribuer aucune chanson portant atteinte à la morale ou à l'ordre public; 3° gêner en aucune manière la voie publique; 4° enfin, il ne doit pas se présenter sur les emplacements autorisés accompagné d'enfants en bas âge. Tout chanteur doit en outre, à la première injonction de l'autorité, se retirer de la place où il se trouverait, et ne doit s'introduire dans aucun établissement ouvert au public, sans le consentement des propriétaires ou entrepreneurs, pour y chanter, vendre ou proposer des chansons (*loi du 16 fév. 1834; ord. des 31 déc. et 19 oct. 1839*).

§ 2. — MUSICIENS AMBULANTS, JOUEURS D'ORGUE ET SALTIMBANQUES.

102. Demande. *Quelle est la surveillance particulière à exercer envers les joueurs d'orgue, saltimbanques et musiciens ambulants sur la voie publique?*

Réponse. Les musiciens ambulants et les joueurs d'orgue doivent être munis d'une permission du préfet de police et de la médaille indicative de leur industrie, qu'ils doivent porter ostensiblement. Ils ne doivent s'introduire dans aucun établissement public, pour y exercer leur profession, sans la permission des propriétaires ou entrepreneurs. Ils ne peuvent cumuler avec leur profession celle de chanteur, sans en avoir obtenu la permission et sans s'être conformé aux conditions spéciales à ce genre d'industrie. Leur permission est valable pour un an, à moins d'ordres contraires.

Les saltimbanques ne doivent gêner en aucune manière la voie publique, se retirer de la place où ils se trouveraient à la première injonction des agents de l'autorité, porter ostensiblement leur médaille, et s'abstenir de tous gestes ou discours contraires à la morale ou à l'ordre public. Leur permission est valable aussi pour un an, à moins d'ordres de retrait.

103. D. *Les chanteurs, musiciens ambulants, joueurs d'orgue et saltimbanques peuvent-ils exercer leur profession à toute heure, sur toutes les places et dans toutes les rues de Paris?*

Non : ils ne peuvent s'arrêter ou stationner que sur les emplacements et aux heures qui sont indiqués dans leur permission.

104. D. *Quels sont les emplacements affectés aux musiciens ambulants, joueurs d'orgue, saltimbanques, faiseurs de tours, etc.?*

R. 1° Le boulevart de l'Hôpital ; 2° la Montagne-Sainte-Geneviève ; 3° place Saint-Sulpice ; 4° marché Saint-Germain ; 5° butte du Montparnasse ; 6° carrefour de l'Observatoire ; 7° quai d'Orsay ; 8° rue de Sèvres, près l'hospice des Ménages ; 9° rue Saint-Antoine, près le poste Birague ; 10° barrière du Trône ; 11° place du marché Popincourt ; 12° rue de Vendôme ; 13° place Boucherat ; 14° place des Vosges ; 15° place du Jardin-des-Plantes ; 16° boulevart de la Galiote ; 17° et, enfin, place de la Madeleine, du côté de la rue Tronchet (*ord. du 14 déc.* 1831).

105. D. *En cas de contravention aux ordonnances précitées, que doivent faire les sous-officiers et gardes?*

R. Ils doivent conduire les contrevenants devant le commissaire de police le plus voisin (*ord. des* 14 *déc.* 1831 *et* 22 *fév.* 1834).

2ᵉ SECTION.

Étalagistes ; Placards séditieux ; Chiens.

106. Demande. *Les étalagistes et autres personnes stationnant sur la voie publique pour y exercer une industrie, doivent-ils être porteurs d'une permission?*

Réponse. Oui : car nul, sans aucune exception, ne peut stationner sur la voie publique, même momentanément, pour y étaler des marchandises ou y exercer une industrie, qu'en

107. D. *En cas de contra-vention à l'ordonnance pré-citée, que doit-on faire?*

108. D. *Que doivent faire les sous-officiers et gardes qui découvriraient des pla-cards séditieux, et quelle est la surveillance à exercer en-vers les afficheurs?*

vertu d'une permission de l'au-torité (*ordonn. du 22 janvier* **1832**).

Dans le cas où les sous-officiers et gardes consigne-raient dans les postes des ob-jets saisis sur la voie publique, tels que : charrettes à bras, paniers, tables, éventaires, etc., ils doivent y adapter solidement une étiquette contenant le nom du propriétaire desdits objets qui s'en trouvait en possession lors de la saisie. De même, les chefs de postes ne doivent recevoir aucun de ces objets sans que cette formalité ait été remplie par les dépo-sants.

R. On doit s'assurer d'une manière positive de l'indivi-dualité des contrevenants, et signaler leurs contraventions par des procès-verbaux (*ord. précitée*).

R. Ils doivent les enlever, les adresser au colonel com-mandant le corps, en recher-cher les auteurs, et s'ils sont connus, les arrêter et les livrer à l'autorité.

Ils doivent aussi veiller à ce qu'aucun individu ne pose ou peigne des affiches aux an-gles des rues, places, carre-fours, quais ou boulevarts de la capitale, ainsi que dans les 5 mètres de distance à partir desdits angles, et à ce qu'il ne soit apposé sur l'emplacement où se fait l'affichage des spec-tacles, bals et concerts, et à 5 mètres de distance desdits emplacements, des affiches et annonces étrangères aux entreprises de théâtres, bals et concerts, et enfin à ce qu'aucun individu n'affiche pendant la nuit (*ord. du* **8** *novembre* **1841**).

109. D. *Dans quel cas les propriétaires de chiens peuvent-ils encourir des contraventions?*

R. Lorsqu'ils les laissent vaguer sur la voie publique sans être muselés, n'importe dans quelle saison, et que ces chiens n'ont pas le cou garni d'un collier où sont gravés le nom et la demeure des personnes auxquelles ils appartiennent. En cas de blessures faites par un chien, on doit inviter le propriétaire, et, au besoin, le contraindre à se rendre devant le commissaire de police.

110. D. *Le propriétaire d'un établissement ouvert au public doit-il museler ses chiens lorsqu'ils sont dans son établissement?*

R. Oui, lors même qu'ils y seraient à l'attache.

Quant aux chiens dits boule-dogues et boule - dogues métis ou croisés, ils ne doivent jamais, lors même qu'ils seraient conduits en laisse, muselés, ou attachés, circuler sur la voie publique, ni être placés dans un établissement ouvert au public. Ces animaux devront toujours être tenus à l'attache et muselés, même dans l'intérieur des habitations , cours, jardins et autres lieux non ouverts au public.

111. D. *Quelles sont les contraventions que peuvent encourir les conducteurs de*

R. Lorsqu'ils tolèrent que ces animaux soient placés dans leurs voitures sans être muse-

diligences, messageries et au- || lés ; les cochers de fiacres ne
tres voitures publiques à l'é- || peuvent être contraints d'en
gard des chiens?

112. D. *Les conducteurs de voitures traînées à bras peuvent-ils encourir des contraventions à l'égard des chien?*

R. Oui, lorsqu'ils attachent ou attellent un chien à leurs charrettes (ord. du 27 mai 1845).

113. D. *Doit-on se borner à constater les contraventions encourues pour une cause quelconque par les conducteurs de voitures traînées à bras ?*

R. Lorsqu'il y a refus de répondre ou doute sur la déclaration du conducteur , il faut consigner la voiture dans un poste, à la disposition du commissaire de police, attendu que la plupart des conducteurs de ces voitures sont des commissionnaires insolvables.

114. D. *En cas de contravention aux ordonnances précitées, que doit-on faire?*

R. Après s'être assuré, d'une manière positive , du nom et de la demeure du propriétaire contrevenant, on doit rédiger un procès-verbal pour être envoyé à qui de droit. (Voir art. 36.)

3ᵉ SECTION.

Service des bachots ; Bains en rivière ; Secours aux noyés , asphyxiés et blessés sur la voie publique ; Boîtes de secours.

115. Demande. *Dans la saison des bains, quels sont les devoirs des militaires du corps de service aux bachots?*

Réponse. Tantôt ils circuleront sur la rivière, montés dans le bachot, conduit par un marinier soldé à cet effet; tantôt ils stationneront dans ce bachot ou parcourront les berges dans l'étendue qui leur aura été assignée , surtout aux endroits ou aux heures où le public se présente pour se baigner. Ils ne pourront quitter leur poste sans l'autorisation de l'inspecteur de la navigation.

116. D. *Quel est le but de ce service?*

R. De veiller à la sûreté des citoyens en portant secours aux individus qui se trouveraient en danger de se noyer ; de faire respecter la décence publique en empêchant qui que ce soit, et surtout les enfants, de se baigner en Seine ou dans le canal Saint-Martin, soit nus, soit couverts, et encore en ne tolérant que personne ne se montre nu hors des bains. Sont exceptés cependant les baigneurs porteurs de permissions d'aller en pleine eau, pourvu qu'ils soient munis d'un caleçon ; mais cette tolérance ne s'étend point au canal Saint-Martin, dans lequel il est défendu expressément de se baigner (*art.* 225 *de l'ord. du* 25 *oct.* 1840). Les plantons de stations des barrières de la Gare et de Passy doivent veiller aussi à ce qu'on ne se baigne pas nu, maintenir le bon ordre parmi les baigneurs, faire respecter les consignes et secourir, par les mariniers, les personnes qui seraient en danger de se noyer.

117. D. *En cas de contravention, que doivent faire les sous-officiers et gardes?*

R. Faire rhabiller les individus qui tenteraient de se baigner, conduire les récalcitrants ou les personnes qui

118. D. *Lorsqu'un chef de poste est prévenu que quelqu'un court des dangers dans la rivière, sur la voie publique ou partout ailleurs, que doit-il faire ?*

se seraient mises à l'eau chez le commissaire de police du quartier ; expulser les enfants, et avoir soin de ne pas poursuivre les baigneurs de manière à les effrayer et leur faire courir des dangers.

R. Il fera prévenir de suite le médecin le plus voisin pour porter les premiers secours à l'individu que le danger menace ; il en donnera en même temps avis au commissaire de police du quartier ; ce dernier sera également averti lorsqu'il s'agira d'un noyé retrouvé ou d'un individu tombé dans un endroit d'où il n'aura pas été retiré (*ord. de police du* **22** *déc.* **1822**).

119. D. *Lorsqu'un individu sera trouvé blessé sur la voie publique, ou retiré de l'eau en état de souffrance, ou asphyxié, soit par les vapeurs méphitiques, soit par le froid ou la chaleur, que doit-on faire ?*

R. Il doit être transporté de suite dans un corps-de-garde ou dans tout autre endroit commode dans lesquels se trouve une boîte de secours, ou dans un hôpital, s'il y en a un à proximité (*ord. du* **22** *déc.* **1822**).

S'il s'agissait d'une strangulation, on couperait immédiatement le lien, sans attendre l'arrivée du commissaire de police.

120. D. *Si l'individu est transporté dans un corps-de-garde, quels sont alors les devoirs du chef de poste ?*

R. Il requiert de suite l'assistance de l'homme de l'art le plus voisin, et fait prévenir le commissaire de police. En attendant, s'il s'agit d'un noyé ou asphyxié, il lui est donné les secours applicables à son état, ainsi que l'indique l'instruction suivante :

INSTRUCTION *sur les secours à porter aux noyés et asphyxiés, en attendant l'arrivée du médecin.*

1° Couper les vêtements du noyé avec des ciseaux, essuyer le corps , l'envelopper d'un peignoir et d'un bonnet de laine, le mettre sur un lit de camp, la tête et la poitrine plus élevées que les jambes ;

2° Coucher le corps sur le côté droit , pencher la tête en avant pour faire rendre l'eau ;

3° Frotter avec le lainage sur tout le corps pour rappeler la chaleur.

4° Aspirer l'eau, l'écume ou les mucosités avec une pompe à air, en ayant soin de serrer la narine du côté opposé où la canule à narine est introduite ;

5° Cesser les aspirations dès que le noyé donne des signes de vie ;

6° Si les mâchoires sont serrées, introduire une spatule en bois entre les dents pour les écarter ;

7° Remplir le caléfacteur d'eau froide que l'on fera chauffer avec l'esprit de vin ; dès qu'elle sera chaude, charger la bassinoire d'eau bouillante, la promener sur le corps par-dessus le lainage ;

8° Frotter les mains et la plante des pieds avec les brosses ;

9° Si , pendant les efforts plus ou moins pénibles que fait le noyé pour aspirer l'air, l'on s'aperçoit qu'il a des envies de vomir, provoquer le vomissement en chatouillant le fond de la bouche avec la barbe d'une plume, de la charpie ou du papier ;

10° Si le noyé a bu ou mangé, l'on peut et avec succès donner un grain d'émétique dans un demi-verre d'eau tiède, pour provoquer les vomissements ;

11° Si, malgré ces soins, le noyé n'est pas rappelé à la vie, l'on peut recourir à l'insufflation de fumée de tabac dans le fondement; à cet effet, on charge une pipe de tabac, la petite extrémité est introduite dans l'ouïe du noyé, et l'on souffle sur la grosse extrémité avec la bouche pour que l'introduction de la fumée ait lieu dans le fondement ;

12° Dès que le noyé est revenu à la vie, le faire porter sur un brancard, soit à son domicile, soit à l'hôpital le plus voisin.

A son arrivée, l'homme de l'art prend la direction des secours, et le chef de poste veille à ce qu'ils puissent être administrés avec ordre et sans embarras.

121. D. *Si l'individu rappelé à la vie a besoin de secours ultérieurs, que doit-on faire?*

R. Il doit être transporté à son domicile, s'il le demande, sinon à l'Hôtel-Dieu, et, en cas d'urgence, à l'hospice le plus voisin.

122. D. *S'il ne peut être rappelé à la vie, que doit-on faire?*

R. S'il n'est pas réclamé, on doit veiller à ce qu'il soit porté à la Morgue par les soins du commissaire de police.

123. D. *Après l'administration des secours, que doit faire le chef de poste?*

R. Il veille à ce que les ustensiles et médicaments soient fidèlement réintégrés dans la boîte, en ordre et en bon état. Si quelque ustensile a été dégradé, ou quelque médicament épuisé, il en prend note et en rend compte sur son rapport; il en prévient également par écrit le commissaire de police; si, enfin, la boîte a été déplacée, il veille à ce qu'elle soit sur-le-champ rapportée au lieu du dépôt.

OBSERVATIONS.

L'importance du service indiqué dans cette section sera facilement comprise par les sous-officiers et gardes, car il ne s'agit pas seulement ici de devoirs militaires, mais encore de devoirs d'humanité. Ils devront donc bien s'en pénétrer, afin qu'aucun événement intéressant la vie des citoyens ne les trouve au dépourvu.

Les gardes de planton dans les bains y sont pour le maintien de l'ordre et de la décence. Dans ce service où, d'ordinaire, ils se trouvent isolés, ils comprendront la nécessité de s'observer davantage; ils s'abstiendront de boire avec qui que ce soit; ils éviteront de compromettre l'arme, d'employer la force, au risque d'avoir le dessous, et se reporteront à l'article 14 de la présente Instruction, dans le cas de force insuffisante.

CHAPITRE IV.

DU SERVICE DANS LES POSTES.

—

1re SECTION.

MANIÈRE DE RELEVER LA GARDE.

Devoirs des Brigadiers de pose, de consigne, etc.

124. Demande. *Quel est le premier devoir d'un commandant de détachement, lors de la réunion de sa troupe ?*

Réponse. Il doit en passer l'inspection, et s'assurer du bon état des armes, ainsi que de l'habillement, et si chaque homme est bien nanti de cinq capsules, placées dans la petite poche à ce destinée.

125. D. *Comment doivent marcher les gardes, tant en allant aux postes qu'en revenant au quartier ?*

R. Au pas de route, l'arme au bras ou sur l'épaule droite, et dans le plus grand ordre et en silence, la baïonnette au canon. La cavalerie ira au pas ; le chef du détachement rendra les honneurs militaires en passant devant un poste ou une troupe armée, et informera le colonel commandant, par un rapport particulier, de la négligence qu'on aurait mise à lui rendre lesdits honneurs. (Voir pour le retour, article **138**.)

126. D. *Que doit faire le commandant de la nouvelle garde lorsqu'il approche du poste qu'il doit relever ?*

R. Faire porter les armes à sa garde à 15 pas de l'ancienne, et battre aux champs ; la garde prend, en même temps, le pas ordinaire.

127. D. *Que doit faire alors le commandant de l'ancienne garde ?*

R. Il rassemble promptement sa garde, lui fait porter les armes et le tambour bat aux champs.

128. D. *Où doit se placer la nouvelle garde en arrivant au poste?*

R. A gauche de l'ancienne, si le terrain le permet; dans le cas contraire, les deux gardes se placent face à face, l'ancienne faisant front et la nouvelle tournant le dos au corps-de-garde.

129. D. *Comment doit être formée une garde?*

R. Selon le nombre d'hommes dont elle sera composée, sur un rang, jusqu'à onze hommes; sur deux rangs, depuis douze jusqu'à dix-sept; sur trois rangs, depuis dix-huit et au-dessus.

130. D. *Quelle est la place d'un officier, maréchal des logis ou brigadier chef de poste?*

R. L'officier doit se placer au centre, à deux pas en avant de sa garde, le maréchal des logis et le brigadier à la droite du premier homme du premier rang.

131. D. *Quelle est celle des maréchaux des logis et brigadiers non chefs de poste?*

R. Le maréchal des logis à la droite du premier rang, le premier brigadier à la gauche du premier rang, les autres brigadiers en serre-files.

132. D. *Que doivent faire les chefs de deux gardes lorsqu'elles sont placées pour se relever?*

R. S'avancer l'un vers l'autre pour donner et recevoir la consigne.

133. D. *Que fait ensuite le chef de la nouvelle garde?*

R. Il ordonne au brigadier de consigne de prendre possession du corps-de-garde.

134. D. *Que fait le chef de poste pendant que le brigadier de consigne visite le corps-de-garde?*

R. Il inspecte et divise sa garde, lorsque le poste est assez nombreux pour être partagé en plusieurs divisions.

135. D. *Comment la divise-t-il, et quel est le but de cette division?*

R. Il la divise en deux ou quatre parties, selon sa force, pour le cas où il serait obligé de faire feu ou d'envoyer du monde de plusieurs côtés à la fois.

136. D. *La garde étant inspectée et divisée, le brigadier de consigne ayant terminé la reconnaissance du corps-de-garde et rendu compte au commandant du poste, de quoi s'occupe alors ce dernier?*

R. Le commandant de la garde montante désignera les sentinelles de la première pose; après quoi il fera le commandement : *Première pose en avant*, et ordonnera au moins ancien brigadier de relever les sentinelles.

137. D. *Que doivent faire les deux chefs de poste pendant qu'on relève les sentinelles?*

R. Ils doivent visiter ensemble les avenues du poste ; le commandant de l'ancienne garde donne au nouveau tous les éclaircissements nécessaires sur les consignes et le service particulier du poste.

138. D. *Lorsque les factionnaires sont relevés et rentrés, comment l'ancienne garde quitte-t-elle la nouvelle?*

R. Son chef la met d'abord au port d'armes, la fait marcher ainsi cinquante pas ; le tambour bat aux champs ; le chef arrête sa garde, lui fait ôter la baïonnette, et ordonne au maréchal des logis de la conduire en ordre au quartier, l'arme sur l'épaule droite.

Les hommes qui auraient été détachés, pour un service quelconque, rentreront individuellement à leur caserne.

139. D. *Qu'ont à faire les sous-officiers ou brigadiers chefs de petits postes dépendant d'une garde commandée par un officier, lorsqu'ils sont relevés?*

R. Aussitôt relevés, ils doivent rejoindre l'officier commandant le poste duquel ils dépendent, lui rendre compte et faire devant lui l'appel des hommes qui auraient été détachés avec eux.

140. D. *Que doit faire le chef de la nouvelle garde au moment du départ de l'ancienne?*

R. Il fait porter les armes et battre aux champs ; il défend aux hommes de s'absenter du poste, fait faire demi-tour à droite, présenter les armes, haut les armes et rompre les rangs à sa garde.

141. D. *Que doivent faire les hommes de garde après avoir rompu les rangs?*

R. Ils doivent placer leurs fusils sur le ratelier d'armes, à leurs numéros, sous la surveillance des sous-officiers et brigadiers.

142. D. *Est-il permis à un soldat de garde de quitter son poste, sa giberne, et le commandant de la garde lui-même peut-il se permettre de jouer, laisser jouer, donner à boire et manger à qui que ce soit, excepté à ceux qui sont de service avec lui?*

R. Outre que ces sortes de licences ne sont pas permises, le chef du poste doit encore veiller à ce qu'aucune personne étrangère ne donne des boissons aux hommes de sa garde.

143. D. *Lorsqu'un soldat de garde fait quelques fautes légères, comment doit-il être puni?*

R. En lui infligeant une punition proportionnée à sa faute, à la descente de sa garde.

144. D. *Si un homme de garde se rend coupable d'une faute grave, que doit-on faire?*

R. On le fait relever de suite et on en rend compte immédiatement au colonel commandant, et à la place, sur le rapport.

145. D. *Un soldat de garde peut-il être arrêté sans la participation du commandant du poste?*

R. Non, sous aucun prétexte; mais le chef du poste doit obtempérer au réquisitoire de l'autorité.

146. D. *Comment nomme-t-on le premier brigadier d'un poste?*

R. Brigadier de consigne; et s'il y en a deux, le second se nomme brigadier de pose.

147. D. *Et dans le cas où il n'y a qu'un brigadier chef de poste?*

R. Il est en même temps de consigne et de pose; il peut se faire aider, pour la pose des sentinelles, par le plus ancien garde du poste.

148. D. *Que doivent faire les brigadiers du même poste relativement à leur service?*

R. Ils doivent le régler entre eux, ainsi qu'entre les gardes, de sorte que chacun ait un service égal à faire.

149. D. *Quel est l'emploi du brigadier de consigne?*

R. Le brigadier de consigne est chargé de la propreté du corps-de-garde et de la con-

150. D. *Quel est l'emploi du brigadier de pose?*

servation des objets qu y sont consignés; il fait les reconnaissances des rondes, patrouilles et troupes; escorte les individus en arrestation. (Voir article 177.)

R. Il est responsable de la tenue et de l'exactitude des sentinelles, de la propreté de leurs postes, de la conservation des guérites et des capotes; il numérote les hommes de chaque pose; il surveille l'arrangement des armes; il appelle un quart d'heure d'avance les hommes qui doivent aller en faction et les y conduit.

151. D. *Comment le brigadier de consigne doit-il faire la distribution des corvées de la garde?*

R. En commençant par la gauche du contrôle.

152. D. *A quoi doit faire attention le brigadier de consigne en prenant possession du corps-de-garde?*

R. Il s'assure s'il est en bon état, ainsi que tous les objets portés sur la consigne, et en rend compte au chef du poste.

153. D. *De quelle manière les sentinelles sont-elles prises sur la garde?*

R. Autant que possible, également sur chaque division, lorsque le poste est assez nombreux pour être partagé en plusieurs divisions; par la droite, lorsqu'il n'est pas divisé.

154. D. *A quoi s'occupe le brigadier de pose lorsque le chef de poste a fini la division de sa garde, désigné et fait sortir les hommes de la première pose, et qu'il lui a ordonné de relever les sentinelles?*

R. Il les range sur deux rangs et les numérote. S'il y a moins de quatre hommes, il les place sur un rang pour les conduire en faction.

155. D. *Par qui doit-il être accompagné pour la première fois?*

R. Par le brigadier de pose de l'ancienne garde.

156. D. *Par quelle sentinelle doit-il commencer?*

R. Par celle postée devant les armes, laquelle rentre, n'étant pas, comme les autres, tenue de suivre la pose.

157. D. *Où va-t-il après?*

R. A la sentinelle la plus éloignée et successivement en revenant sur le poste.

158. D. *Que doit-il faire lorsqu'il arrive à six pas d'une sentinelle pour la relever?*

R. Commander halte à toute la pose, et ensuite : *Tel numéro en avant, marche.*

159. D. *De quelle manière place-t-il la nouvelle sentinelle pour relever, et que fait-il après que l'ancien factionnaire a transmis la consigne à la sentinelle qui la relève?*

R. Il la place à la gauche de l'ancienne, après quoi il commande : *Portez vos armes, à droite et à gauche présentez vos armes*, et fait en sa présence répéter la consigne ; il fait ensuite porter les armes, et commande *Marche* pour l'ancien factionnaire, ainsi qne pour toute la pose, qui était restée à six pas de là.

160. D. *Comment le brigadier doit-il porter son arme en allant relever, et à quoi doit-il faire attention en relevant les sentinelles?*

R. Dans le bras droit, en sous-officier ; les hommes de la pose portent l'arme au bras. Il veille à ce qu'il n'y ait pas, dans les guérites, des pierres pour s'asseoir, que les fenêtres n'en soient pas bouchées, et que les factionnaires ne posent pas leur fusil dans le fond de leur guérite.

161. D. *Que fait-il pour les autres poses, lorsque l'heure de relever s'approche?*

R. A peu près un quart d'heure d'avance, il éveille ou appelle les hommes qui doivent aller en faction ; l'heure sonnée, il fait sortir et assembler les gardes de toute la pose, et les présente à l'inspection du chef de poste.

162. D. *Combien un fac-tionnaire doit-il faire d'heu-res de faction pendant vingt-quatre heures, et de combien d'heures se compose la faction?*

à sa rentrée, il présente éga-lement les anciennes senti-nelles au commandant de la garde, et rend compte de sa pose.

R. Jamais moins que six heures; et du 1ᵉʳ mai au 1ᵉʳ octobre, il peut en faire huit.

La faction est de deux heures, mais dans les fortes gelées, on relève toutes les heures, d'après l'ordre qui en est donné par le commandant de la place. Le temps passé en patrouille compte pour faction.

2ᵉ SECTION.

Devoirs généraux des Chefs de poste.

163. Demande. *Quel est l'ensemble des devoirs d'un commandant de poste?*

Réponse. C'est de prendre une connaissance exacte de toutes les consignes; de don-ner ses instructions à ses ma-réchaux des logis ou brigadiers, après le départ de l'ancienne garde; de visiter les sentinel-les; de faire souvent l'appel, avec ou sans armes, afin d'ac-coutumer les gardes à sortir lestement et à se former le plus promptement possible; de tenir les hommes dans le plus grand ordre et immobilité dans les rangs; de faire l'inspection de ceux qui viennent ou qui vont en faction, et de régler, avant leur départ, le lieu où cha-cun d'eux devra être placé; de veiller attentivement à la stricte exécution des con-signes, ainsi qu'au maintien du bon ordre et de la police; enfin, de se promener souvent au-dehors de son poste pour mieux voir ce qui s'y passe; de veiller à ce que les hommes n'aient point de bouchons à leurs fusils; qu'ils ne fument que dans le poste; qu'ils ne causent point avec des femmes ou des étrangers; de jour ou de nuit, il s'assurera qu'il y ait toujours deux hommes et un brigadier debout, prêts à se porter partout où besoin sera, et à reconnaître les rondes et patrouilles. Il doit veiller à ce que sa troupe mette la plus grande célérité à sortir et à se mettre en bataille, lorsqu'il a entendu la sentinelle crier aux armes.

164. D. *Un chef de poste peut-il s'absenter pour quelque motif urgent, ou donner la permission à des hommes de s'absenter?*

R. Non : conformément à l'art. 22 de la Consigne générale, il ne peut, sous aucun prétexte, s'écarter de son poste, et doit y prendre ses repas; il ne doit permettre à aucun homme de quitter le poste.

165. D. *Si un chef de poste entend crier : A la garde! que doit-il faire?*

R. Il envoie quelques hommes pour prêter secours et arrêter les auteurs du désordre.

166. D. *Si un chef de poste est prévenu d'un rassemblement dans son voisinage, d'une émeute, d'une insurrection, ou s'il entend battre la générale, que doit-il faire?*

R. Il doit faire prendre les armes à sa garde, se tenir sur la défensive, faire charger les armes, et, en cas d'attaque, se retrancher dans son poste, et s'y défendre à toute extrémité; agissant, alors, dans le

167. D. *Quel est le devoir d'un chef de poste, relativement aux plaintes, réquisitoires ou interrogatoires qui peuvent survenir dans son poste?*

168. D. *Quel est le devoir des sous-officiers et gardes requis par des huissiers chargés de l'exécution des jugements rendus par le tribunal; des gardes du commerce ou agents chargés de la mise à exécution des jugements disciplinaires de la garde nationale, relativement aux arrestations confiées à ces gardes ou agents?*

169. D. *Que doit faire un chef de poste avant de recevoir et déposer au violon les individus qui lui sont amenés par une autorité quelconque?*

cas de légitime défense. Il fera prévenir ses factionnaires d'être alertes et de se replier à propos sur le poste. En cas de troubles sérieux, il ferait prévenir (autant que les communications le permettraient) l'état-major du corps ou la caserne la plus voisine, ainsi que le commandant de la place.

R. Les chefs de poste doivent *seuls* recevoir les plaintes, les réquisitoires et faire les interrogatoires; enfin, c'est à eux seuls qu'appartient le droit d'ordonner le service et d'en diriger l'exécution.

R. Ils doivent prêter main-forte et s'emparer des prévenus, mais dans le cas seulement où il y aurait rébellion envers l'autorité qui agit, et se rappeler qu'ils ne peuvent pénétrer dans le domicile d'un particulier qu'avec l'assistance d'un commissaire de police ou d'un juge de paix. (Voir art. 31 de l'instr. municipale.)

R. Il doit exiger un réquisitoire ou un mandat délivré par un officier de police judiciaire.

Cependant, si le cas était pressant et réclamait une exécution instantanée, on n'exigerait le réquisitoire qu'après avoir déposé au violon les individus arrêtés. Il est recommandé aux chefs de postes de recevoir, dans les violons, les prisonniers arrêtés par les

170. D. *Lorsqu'une personne est arrêtée et déposée au poste, soit par un garde, soit par tout autre autorité, le chef du poste doit-il la mettre de suite au violon?*

R. Non : elle doit être conduite immédiatement chez le commissaire de police, à moins qu'elle ne soit en état d'ivresse ou qu'elle ne cause du scandale. Si le commissaire de police était absent, on doit y retourner jusqu'à dix heures du soir.

171. D. *Un chef de poste peut-il admettre dans son poste des personnes étrangères?*

R. Non : à moins d'une consignation légale, ou bien qu'elles ne se rendent à l'autorité.

172. D. *Quelle est la surveillance à exercer par un chef de poste relativement aux personnes déposées au violon?*

R. Quel que soit le motif de leur arrestation, il doit veiller à ce qu'elles ne communiquent avec personne, verbalement ou par écrit, avant d'avoir été interrogées par le commissaire de police.

173. D. *Quelle précaution un chef de poste a-t-il à prendre envers tout individu arrêté pour vol ou autre crime ou délit?*

R. Il doit le faire fouiller, afin d'ôter au prévenu les armes et outils dont il pourrait se servir pour se suicider, tenter de s'évader ou de se démunir d'objets ou d'instruments pouvant aider aux recherches de la justice.

174. D. *Un chef de poste a-t-il autorité pour mettre en liberté un individu arrêté pour une cause quelconque?*

R. Non : une fois arrêté, et quelque futile qu'ait été le motif de son arrestation, le prévenu ne peut être mis en liberté que sur la réquisition du commissaire de police.

175. D. *Si un service urgent obligeait un chef de poste à détacher la moitié des hommes de sa garde, devrait-*

détachements de la ligne, mais en exigeant un ordre de consigne.

R. Il ne devrait obtempérer à une réquisition semblable qu'avec beaucoup de discernement, et de manière à ne

il déférer à une réquisition ayant pour but d'en détacher davantage?

176. D. *Le chef d'un poste ne doit-il déférer qu'aux réquisitions qui lui sont faites par les agents de l'autorité?*

177. D. *Quelle attention doit avoir un chef de poste en déférant à une réquisition pour conduire des prévenus?*

178. D. *Les agents de police autres que les commissaires de police et officiers de paix peuvent-ils être admis dans les postes?*

179. D. *Les commissaires de police peuvent-ils requérir les gardes dans les postes pour porter les dépêches ou paquets à la préfecture ou ailleurs?*

180. D. *Quels sont les renseignements que doivent donner les chefs de poste aux agents de police délégués par les commissaires de police*

jamais dégarnir entièrement son poste, surtout lorsqne la tranquillité habituelle est troublée.

R. Il doit assistance à tout citoyen qui la réclame; mais, dans ce cas, il fait conduire devant le commissaire le plaignant et le prévenu.

R. Il ne doit jamais commander un seul homme pour une opération semblable. Il commandera deux hommes par prévenu, et lorsque le nombre des gardes sera de six hommes, ils seront commandés par le brigadier de consigne.

R. Oui: soit en uniforme, soit en bourgeois; dans ce der-cas, ils doivent exhiber leur carte. Ils ont le droit d'y stationner sans être obligés de rendre compte des motifs qui les font agir. Dans ce cas, le chef de poste rendra compte, sur son rapport, du nombre d'agents, de l'heure de l'arrivée et de celle du départ. Les commissaires de police et les officiers de paix seuls sont autorisés à pénétrer dans la chambre du chef de poste.

R. Non, à moins d'une autorisation du colonel commandant ou de M. le préfet de police, ou d'une nécessité reconnue indispensable.

R. Le nombre, le nom des personnes arrêtées et déposées dans les violons au moment de leur passage.

pour faire le matin la tournée dans les corps-de-garde de leur arrondissement ?

181. D. Où doivent être déposées les clefs du violon ?

R. Elles doivent être constamment entre les mains du chef du poste, qui demeure responsable de toute évasion.

182. D. Quelle est la responsabilité du chef de poste relativement aux objets mobiliers, lorsqu'ils sont en mauvais état et qu'ils doivent être remplacés ?

R. Le chef de poste est responsable de tous les objets fournis à son poste et portés sur les deux inventaires de la ville et du corps. Il doit les vérifier à son arrivée avec le chef de la garde descendante, et constater leur état sur son rapport ; faute de quoi ils seraient remplacés à son compte. Tout objet dégradé doit être réparé aux frais de celui qui a commis la dégradation. Les objets appartenant au corps, qui sont en mauvais état, seront envoyés, à midi, à l'état-major du corps, pour y être échangés sur un reçu du chef du poste. Les objets appartenant à la ville seront envoyés, de midi à une heure, à l'Hôtel-de-Ville, bureau de M. l'inspecteur des corps-de-garde, pour y être échangés. Dans les ministères ou administrations, les chefs de poste s'adressent à l'économe de ces établissements. Défense expresse est faite de laisser apposer des affiches, intérieurement ou extérieurement, sur les murs du poste, ou d'y laisser faire des inscriptions.

183. D. Lorsque des personnes arrêtées commettent

R. Il doit en prévenir de suite le commissaire de police,

des dégradations dans le poste, que doit faire le chef du poste?

184. D. *Quelle attention doit avoir le chef de poste relativement aux ordres et consignes et aux réparations exécutées dans son poste?*

185. D. *Quels sont les devoirs du chef de la garde montante à l'égard du rapport qui lui est laissé par celui qu'il relève?*

qui oblige les délinquants à payer le dégât, ou qui donne un certificat d'insolvabilité, si elles ne sont point en état de payer. Mention en sera également faite sur le rapport.

R. Il doit veiller à ce qu'ils ne soient ni dégradés ni déplacés; il ne doit pas permettre qu'on affiche dans son poste aucun ordre, consigne ou instruction qui n'aurait pas été signé par M. le préfet de police, le général commandant la place ou le colonel commandant le corps.

Si les consignes sont dégradées, le chef du poste doit en rendre compte dans son rapport; il doit aussi mentionner les réparations ou travaux quelconques exécutés dans son poste par ordre de l'autorité.

R. Le chef de la garde montante a soin d'inscrire, aussitôt son arrivée, sur ce rapport, la composition de son poste, le nombre de ses factionnaires, le nom des hommes de service; il vérifie celui des individus laissés au violon, le motif et l'heure de leur arrestation et la destination qu'ils ont reçue. Il se fait représenter les ordres de consigne, et, s'il n'en a pas été délivré, il le mentionne. Il doit faire également mention, dans son rapport des vingt-quatre heures, des arrestations civiles et militaires, et de tous les événements survenus pendant sa garde. En cas d'évé-

186. D. *Quel est le devoir du chef de poste, si on vient lui faire la déclaration qu'un cadavre gît sur la voie publique?*

nement grave et extraordinaire, le chef du poste en rend compte de suite au colonel commandant par un rapport particulier, et à l'état-major de la place.

Les chefs de poste doivent remplir eux-mêmes leur rapport.

R. Il fera placer une ou deux sentinelles pour empêcher d'enlever ou de dépouiller le corps, jusqu'à l'arrivée du commissaire de police qu'il aura fait prévenir sur-le-champ. (Voir, en outre, l'art. 25 de l'Instr. mun.)

S'il s'agissait d'un individu asphyxié ou blessé, voir les numéros 118, 119, 120, 121, 122 et 123 de l'Instr. mun.

187. D. *Que doivent faire les chefs de poste à l'arrivée du cavalier d'ordonnance porteur des feuilles de rapport?*

R. Ils doivent vérifier si les rapports, feuilles de patrouille et mots d'ordre sont bien ceux destinés à leur poste, et signer ensuite le bulletin du cavalier d'ordonnance.

« Les rapports et feuilles
» de patrouille seront rendus
» à 6 heures 40 minutes du
» matin au poste de l'officier
» de garde à la préfecture de
» police. »

188. D. *Un chef de poste peut-il permettre le dépôt d'objets dans son poste, et quelles sont les formalités à remplir pour les objets saisis déposés au poste?*

R. Aucun dépôt d'objets ne peut être fait dans le poste, ni dans l'intérieur ou extérieur des grilles, non plus qu'auprès des guérites, sans un ordre de l'autorité.

Les objets saisis déposés dans les postes doivent être étiquetés, s'ils doivent y rester un certain temps ; mais s'ils n'y sont déposés que momentanément et pour débarrasser la voie publique , on ne doit point exiger cette formalité.

189. D. *Quelle attention les chefs de poste doivent-ils avoir relativement à la température de leur poste?*

R. Dans l'intérêt de la santé de leurs hommes , ils doivent veiller à ce que la température de leur poste ne fasse pas monter le thermomètre au-dessus de 16 degrés dans les temps ordinaires, et au - dessus de 20 dans les grands froids.

190. D. *Par qui doit être faite la théorie dans un poste?*

R. Une heure après son arrivée, le chef du poste réunit tous les hommes qui lui restent, et leur fait une théorie sur le service des places et patrouilles , en se servant de l'exemplaire de l'Instruction municipale déposé à son poste. Pour la rédaction des procès-verbaux , il a recours au Formulaire également déposé au poste.

191. D. *Que doit faire le chef du poste pour entretenir son poste dans un état parfait de propreté?*

R. En l'absence de la personne chargée de nettoyer le poste , un homme de garde est commandé à tour de rôle pour balayer aussi souvent que cela est nécessaire.

Les brosses et le cirage doivent être déposés dans la boîte à ce destinée ; les gardes ne doivent se décrotter que sur cette boîte ; la vaisselle et les couverts doivent être lavés après le repas et placés dans l'armoire du poste.

192. D *A quelle heure doit-on prendre la coiffe de*

R. La capote , le couvre-giberne et la coiffe de schako ,

schako, capote, bonnet de police, couvre-giberne, capote de guérite et gants?

ne seront mis en été qu'à l'heure de la retraite et retirés à 6 heures du matin. Lorsque la troupe sera en tenue d'hiver, la coiffe de schako et le couvre-giberne seront conservés ; le bonnet de police ne sera porté que dans l'intérieur du poste : tout autre coiffure est formellement interdite. Les gants seront retirés en arrivant au poste ; les factionnaires seulement les conserveront pendant leur faction.

Les capotes de guérite seront portées pendant les vingt-quatre heures dans les froids rigoureux ; quand le temps le permettra, elles ne seront délivrées qu'à 6 heures du soir et retirées à 8 heures du matin.

193. D. *Quel est l'emploi des manteaux de patrouille et des caparaçons dans les postes?*

R. Les manteaux de patrouille sont destinés au service des patrouilles; cependant, dans les postes qui fournissent des plantons en sabre pendant le jour, ou des ordonnances, on peut autoriser ces hommes à s'en servir; ils ne seront employés que dans les temps de pluie ou lorsqu'il fait extrêmement froid ; à la rentrée des patrouilles, les manteaux seront suspendus aux chevilles pour les sécher, et nettoyés avant la descente de la garde.

Aussitôt la rentrée des chevaux d'ordonnance aux écuries, ils seront bouchonnés et couverts d'un caparaçon ; tous les matins les caparaçons seront brossés et suspendus aux chevilles.

Défense expresse est faite de se servir sur les lits de camps des manteaux de patrouilles ou caparaçons.

194. D. *Comment doivent être réparties les rétributions faites dans les postes ?*

R. Elles ne peuvent être que volontaires pour toute espèce de réquisition, et dans ce cas elles seront réparties de la manière suivante : le maréchal des logis le double des gardes, et le brigadier moitié en sus des gardes.

Quant aux cavaliers de service dans les différentes administrations, les indemnités qu'ils doivent recevoir pour courses extra - muros appartiennent en entier aux hommes qui les ont faites ; mais ils sont tenus de faire rafraîchir leurs chevaux avant leur retour au poste.

195. D. *Où doivent être conduits les militaires arrêtés ?*

R. Voir le numéro 48 de la présente Instruction municipale.

196. D. *Comment doit-on numéroter les hommes dans les postes pour aller en faction ?*

R. Le chef du poste, après avoir formé les hommes par rang de taille, soit qu'il n'y ait qu'une ou plusieurs compagnies, leur fait conserver pour aller en faction le numéro d'après lequel ils ont été commandés dans leur compagnie. Si le poste est formé de plusieurs détachements, chaque compagnie alterne par semaine pour prendre les premiers numéros de la faction ; mais quels que soient les numéros, les hommes sont toujours placés par rang de taille lorsqu'ils sont sous les armes.

3ᵉ SECTION.
Devoirs généraux des Sentinelles.

197. Demande. *Quels sont les devoirs généraux des sen-tinelles ?*

Réponse. Elles doivent être attentives et vigilantes, ne causer avec qui que ce soit, surtout avec des femmes, ne pas s'éloigner de leurs guérites à plus de 30 pas, être promptes à crier : *Aux armes !* et arrêter la nuit les rondes et les patrouilles. Elles portent les armes aux patrouilles et les présentent aux rondes, quand elles ont été reconnues. Elles croisent la baïonnette quand elles croient devoir se mettre en défense, ou apprêtent les armes si elles sont chargées. (Art. 37 et 38 de la Consigne générale.)

Elles portent les armes aux détachements passant à portée d'elles.

198. D. *Que doit faire la sentinelle devant les armes à l'égard des étrangers qui se présentent pour entrer dans le poste ?*

R. De jour comme de nuit, la sentinelle ne doit laisser entrer aucun étranger au corps-de-garde sans qu'il se soit fait connaître et sans en avoir prévenu le chef de poste.

199. D. *Quand la senti-nelle devant les armes doit-elle crier : Aux armes ! le our ?*

R. Quand elle aperçoit le président de la République, les ministres, les maréchaux de France, les cardinaux,

200. D. *Quand la sentinelle devant les armes doit-le crier :* Aux armes! *la nuit?*

201. D. *Que doit faire une sentinelle qui entend crier au feu ou qui l'aperçoit?*

202. D. *Que doit-elle faire lorsqu'elle entend du bruit ou des querelles autour d'elle?*

203. D. *Que doit-elle faire lorsqu'elle voit ou entend marcher quelqu'un aussitôt la nuit fermée?*

204. D. *Que ferait-elle en temps de guerre, si on conti-*

la chambre des représentants du peuple en corps, les généraux de division, les archevêques, la cour de cassation, cour d'appel, cour criminelle, tribunaux de première instance, mairies en corps avec escorte, les évêques, généraux de brigade préfets avec escorte, les rondes d'officiers supérieurs de la division, de la place, de la garnison ou du corps, les rondes des capitaines d'état-major de la division, de la place ou du corps, les troupes et détachements armés.

R. Lorsqu'il se présente une ronde d'officier général, du commandant de la place, d'officier supérieur ou une ronde major.

R. Elle répète ce cri, afin que de sentinelle en sentinelle, il parvienne jusqu'au poste.

R. Elle crie : *A la garde!* et ce cri doit être répété de sentinelle en sentinelle jusqu'au poste.

R. Elle doit apprêter les armes et crier : *Qui vive?* et ne laisser passer personne qu'on n'ait répondu de manière à se faire connaître; elle exige aussi que les allants et venants passent du côté opposé à celui où elle se trouve placée.

R. Elle crierait : *Halte-là!* à trois reprises, et si on connuait à marcher sur elle sans lui répondre?

205. D. *Comment rend-elle les honneurs aux officiers généraux et supérieurs?*

206. D. *Comment rend-elle les honneurs aux officiers subalternes, aux personnes portant la décoration d'un ordre français, et à une troupe armée passant devant elle?*

207. D. *Les sentinelles, quelles qu'elles soient, doivent-elles recevoir des consignes d'une personne étrangère à leur poste, ou se laisser relever par d'autres que par le brigadier de pose?*

208. D. *Quels sont les devoirs des sentinelles isolées à l'égard des rondes et patrouilles et des détachements armés?*

tinuait à marcher encore, elle ferait feu, et se retirerait sur le poste en criant : *Aux armes!*

R. Elle s'arrête, fait face à la personne, porte et présente les armes.

R. Elle s'arrête, fait face à la personne, porte les armes. Pendant le mauvais temps, elle reste reposée sur l'arme dans sa guérite; mais elle en sort toutes les fois qu'elle voit s'approcher d'elle, pendant le jour, un officier général ou supérieur; et, pendant la nuit, une troupe quelle qu'elle soit, une ronde ou une patrouille.

Lorsque des officiers en tenue du matin passent devant une sentinelle, celle-ci doit leur faire face, mettre l'arme au bras, la main droite dans le rang.

R. Aucune sentinelle ne doit recevoir de consigne ni se laisser relever que par le brigadier de pose; elle ne doit répéter sa consigne qu'en présence du brigadier de pose.

R. Toute sentinelle éloignée de son poste devra également arrêter les rondes et les patrouilles et les reconnaître. Pour cet effet, elle criera : *Qui vive?* Lorsqu'on lui aura répondu : *Ronde* ou *Patrouille*, elle criera : *Halte à la troupe! Chef de patrouille, avance au mot de ralliement!* croisera la baïonnette pour se mettre en défense et recevoir le mot de ralliement. Si le mot est celui qu'elle a reçu de son brigadier de pose, elle laissera passer la ronde ou la patrouille, après lui avoir rendu compte de tout ce qu'elle aurait remarqué de nouveau pendant sa faction. Toutes les sentinelles reconnaîtront, pendant la nuit, les détachements armés, soit à pied, soit à cheval, en se conformant à ce qui est prescrit pour les patrouilles, avec cette différence que, si elles sont placées devant les armes, elles crieront : *Brigadier, venez reconnaître la troupe!*

209. D. *Quels sont les devoirs des gardes à cheval envoyés en ordonnance?*

R. Ils doivent porter les dépêches dont ils sont chargés avec exactitude et sans s'arrêter; ils ne doivent, dans aucun cas, aller au galop, ni même au grand trot, surtout dans les rues étroites et populeuses.

210. D. *Quels sont les devoirs des gardes à cheval commandés pour le service des escortes ordinaires du président de la République?*

R. Ils doivent suivre l'itinéraire prescrit, se tenir à distance de cinquante pas les uns des autres, mettre la plus grande attention à ne pas heurter les passants avec leurs chevaux, et veiller avec soin à ce qu'aucun embarras ne puisse entraver ou compromettre le passage et la circulation des voitures du président.

Les chefs de détachements de cavalerie veilleront à ce que leurs hommes soient placés convenablement à cheval, qu'ils observent leur distance et qu'ils marchent botte à botte.

4e SECTION.

Manière de reconnaître les Rondes et Patrouilles.

211. Demande. *Quel est le devoir des chefs de poste à l'égard des rondes et patrouilles?*

Réponse. Les rondes et patrouilles devront toujours être reconnues avec célérité. Le chef du poste veillera à ce que les deux gardes et le brigadier, dont il est parlé à l'art. 163, soient toujours prêts à sortir du poste.

212. D. *Comment doit-on reconnaître les rondes simples et les patrouilles?*

R. Lorsqu'une sentinelle apercevra une ronde ou une patrouille, elle criera : *Qui vive?* Si on lui répond : *Patrouille,* elle criera : *Halte-là! Brigadier, venez reconnaître patrouille!* Le brigadier, alors, sortira du corps-de-garde, escorté par deux hommes qu'il aura soin d'établir quatre pas en avant de la sentinelle devant les armes. Il se placera lui-même deux pas en avant de son escorte, lui commandera d'apprêter les armes et criera : *Qui vive?* Lorsqu'on lui aura répondu, et qu'il aura reconnu que c'est bien une patrouille, il criera : *Avance qui a l'ordre!* croisera la baïonnette pour se mettre en défense contre celui qui s'avancera, recevra de lui le mot d'ordre, lui donnera celui de ralliement et laissera passer. Pendant tout ce temps, et jusqu'à ce que le brigadier fasse porter les armes, son escorte et la sentinelle conserveront la position des armes apprêtées.

Les patrouilles du poste rentrant au corps-de-garde, sous le titre de patrouilles finies, seront reconnues de la même manière; il en sera de même pour une simple ronde, en observant seulement que la sentinelle devra crier : *Brigadier, venez reconnaître ronde d'officier!*

213. D. *Comment doit-on reconnaître une ronde major ou supérieure?*

R. Si c'était une ronde major ou supérieure, la sentinelle criera: *Halte-là! Brigadier, aux armes! ronde major* ou *ronde supérieure.* A ce cri le chef du poste fera prendre les armes à sa troupe, la fera sortir, l'établira dans le même ordre que pendant le jour, lui fera porter les armes et l'alignera; le brigadier ira reconnaître et placera l'escorte comme il est dit à l'article précédent. Mais, au lieu de faire avancer à l'ordre, il criera : *Chef de poste, venez reconnaître ronde major* ou *ronde supérieure!* Alors le chef du poste se portera quatre pas en avant de l'escorte déjà établie, et, après avoir fait reconnaître de nouveau la ronde, il criera : *Avance à l'ordre!* recevra le mot de ralliement et donnera le mot d'ordre ayant l'épée à la main; ensuite il fera rentrer l'escorte dans les rangs, reposer sur les armes, rendra compte, et fournira une nouvelle escorte, si elle lui est demandée.

214. D. *Les officiers su-*
périeurs et capitaines du
corps en tenue et suivis d'une
ordonnance à cheval doivent-
ils être reconnus comme ron-
des, lorsqu'ils se présentent
devant les postes le jour où
la nuit?

R. Oui, la garde prendra les armes et les reposera, pendant le jour, pour les officiers supérieurs ou capitaines du corps en tenue et suivis d'une ordonnance à cheval ; la nuit, la garde ne sortira que pour les officiers supérieurs ; les capitaines seront reconnus comme simples rondes par un brigadier et deux gardes.

215. D. *A quelle heure*
doit-on reconnaître les rondes
comme rondes de jour ou
rondes de nuit, et quelle est
la marque distinctive des of-
ficiers de la garde républi-
caine de service de ronde?

R. Les rondes seront reconnues comme simples rondes de jour, aussitôt que le jour commence à paraître et jusqu'à la retraite ; elles seront reconnues comme rondes de nuit depuis la retraite jusqu'à la naissance du jour. Les officiers d'infanterie du corps sont en schako, ceux de cavalerie en casque. MM. les officiers supérieurs, capitaines d'infanterie et lieutenants de cavalerie, sont suivis d'une ordonnance qui marche à dix pas derrière eux.

Néanmoins, dans les temps de gelée, et lorsque la glace peut faire craindre des accidents, MM. les officiers peuvent être autorisés à faire leur ronde à pied ; dans ce cas ils seront reconnus comme s'ils étaient suivis d'une ordonnance.

Lorsque le factionnaire apercevra M. le lieutenant de ronde de jour, il en préviendra immédiatement le chef du poste, qui fera lever tous ses hommes, même ceux qui sont couchés, afin de les présenter dans la meilleure tenue possible à cet officier. Les gardes observeront le silence.

216. D. *Comment doit-on reconnaître les rondes du commandant de la division, du commandant de la place et de l'inspecteur général ?*

R. De la même manière que la ronde major ou supérieure, excepté que le chef du poste se fera escorter par deux hommes, qu'il adjoindra aux deux qui sont déjà avec le brigadier, et qu'il se portera avec cette escorte à huit pas en avant de la sentinelle placée devant les armes.

217. D. *Que doit-on faire lorsque les rondes, patrouilles ou détachements n'ont pas le mot d'ordre ?*

R. Toute fausse patrouille ou détachement qui n'aura pas le mot d'ordre sera arrêté, désarmé et conduit sous bonne et sûre garde à l'état-major de la place.

218. D. *Le chef d'un poste doit-il permettre aux patrouilles qu'il aura reconnues d'entrer dans son poste ?*

R. A moins d'une nécessité évidente, les patrouilles n'entreront point au corps-de-garde ; les chefs y seront seulement admis pour signer sur les feuilles du rapport.

Si le chef d'une patrouille ne sait pas signer, on portera sur le rapport l'heure à laquelle cette patrouille s'est présentée, à quel régiment elle appartient, et que le chef ne savait pas signer.

OBSERVATIONS.

Les patrouilles qui sortent de Paris doivent donner le mot d'ordre de l'intérieur lorsqu'elles sont reconnues aux postes des barrières, et elles doivent donner celui de l'extérieur quand elles sont reconnues hors barrière et pour rentrer dans Paris (*décision du 1er mars* 1846).

5ᵉ SECTION.

Honneurs à rendre.

(Art. 73 et suivants de la Consigne générale.)

219. Demande. *Comment rend-on les honneurs au président de la République, lorsqu'il passe devant un poste?*

Réponse. La garde prend, porte et présente les armes; le tambour bat aux champs, les sentinelles présentent les armes. L'officier salue de l'épée.

220. D. *Comment une garde rend-elle les honneurs aux maréchaux de France et généraux en chef?*

R. Elle porte les armes; le tambour bat aux champs, les sentinelles présentent les armes.

221. D. *Comment rend-elle les honneurs à la chambre des représentants du peuple, aux généraux de division, cardinaux, archevéques, évéques?*

R. Elle porte les armes; le tambour rappelle, les sentinelles présentent les armes.

222. D. *Comment rend-elle les honneurs à la cour de cassation passant avec escorte, à la cour des comptes, à la cour d'appel?*

R. Pour la cour de cassation elle porte les armes; le tambour rappelle, les sentinelles présentent les armes. Pour les autres tribunaux, les municipalités et l'université, la garde prend les armes; les tambours sont prêts à battre.

223. D. *Comment rend-elle les honneurs aux généraux de brigade et aux préfets avec escorte?*

R. Elle porte les armes, le tambour est prêt à battre, les sentinelles présentent les armes.

224. D. *Les gardes et sentinelles doivent-elles rendre les honneurs à toute heure?*

R. Non, pendant la nuit, la garde d'un poste ne rend point d'honneurs; les sentinelles ne portent les armes qu'au patrouilles et ne les présentent qu'aux rondes.

225. D. *Que fait une garde lorsqu'un officier supérieur ou un capitaine commandé par l'état-major de la place pour faire la visite des postes se présente à elle le jour?*

R. Son chef la fait sortir du corps-de-garde et prendre la position du soldat l'arme au pied ; mais si un officier général faisait la tournée des postes, la garde lui rendrait les honneurs dus à son rang.

Les postes de cavalerie, dans les différentes administrations, doivent également se mettre sous les armes.

226. D. *Comment deux troupes qui marchent en sens inverse à la rencontre l'une de l'autre se rendent-elles les honneurs?*

R. A douze ou quinze pas, leurs chefs font porter les armes sans s'arrêter, et appuient de manière à se céder mutuellement la droite. Le chef le moins élevé en grade commence : s'ils sont d'un grade égal, ils se rendent les honneurs en même temps ; les tambours battent aux champs.

227. D. *Comment une troupe qui passe devant un poste ou devant une troupe formée en bataille doit-elle rendre les honneurs?*

R. A douze ou quinze pas du poste ou de la troupe, le commandant du détachement fait serrer les rangs, porter les armes jusqu'à ce qu'il ait dépassé le poste d'environ 30 pas; les tambours battent aux champs ; le poste ou la troupe doivent lui rendre les mêmes honneurs,

228. D. *Comment un chef de poste rend-il les honneurs à une troupe qui passe à portée de son poste?*

R. Il fait prendre les armes à sa garde, la range en bataille, et fait mettre l'arme au bras ; aussitôt que la troupe qui passe porte les armes, il les fait également porter à la sienne : s'il y a des tambours dans les deux troupes, ils battent aux champs.

229. D. *Comment les honneurs sont-ils rendus par les gardes, les détachements ou les ordonnances en marche, s'ils se trouvent sur le passage du président de la République, ou d'un officier général, ou de tout autre officier ?*

R. Pour le président de la République, la troupe arrête, fait face, met la baïonnette au canon, présente les armes, et le tambour bat aux champs ; l'officier salue.

Pour les officiers généraux elle met l'arme au bras et continue de marcher.

Les ordonnances à pied s'arrêtent, font face, présentent les armes, ou, si elles n'en ont pas, portent la main au schako : les ordonnances à cheval font face, et portent la main au casque.

Nota. En général, tous les hommes isolés, de service ou non, doivent s'arrêter, faire face et saluer quand ils se trouveront sur le passage du président de la République. Les ordonnances à pied, avec armes, doivent, lorsqu'elles passent devant un officier, porter l'arme dans le bras droit, sans s'arrêter. (Art. 199 du service intérieur.)

6ᵉ SECTION.

Service des Patrouilles de nuit.

230. Demande. *Combien y a-t-il de sortes de patrouilles ?*

Réponse. Trois sortes :
1° Patrouilles armées d'infanterie ;
2° Patrouilles de cavalerie ;

231. D. *Qu'entendez-vous par ces trois dénominations?*

3° Patrouilles de sûreté d'infanterie.

R. 1° Les patrouilles armées d'infanterie sont pourvues de toutes leurs armes;

2° Celles de cavalerie sont à cheval avec sabre et pistolets;

3° Celles de sûreté d'infanterie sont armées de sabre seulement sous la capote ou le manteau, suivant la saison, avec coiffe sur le schako.

232. D. *Comment sont fournies ces différentes patrouilles et quelle est leur composition?*

R. 1° Les patrouilles armées d'infanterie et de cavalerie sont fournies par les postes armés rentrant des théâtres, bals, qui se fractionnent par quatre ou cinq hommes, commandés par un maréchal des logis ou brigadier, ou par le plus ancien garde de la patrouille. Les patrouilles de cavalerie sortant des casernes et des postes sont composées de deux hommes et d'un brigadier ou maréchal des logis, ou de trois hommes, dont le plus ancien est chef de patrouille;

2° Les patrouilles de sûreté d'infanterie sont fournies, en nombre déterminé, par les casernes et les postes de sûreté.

Elles sont composées de deux hommes et d'un brigadier ou maréchal des logis, ou de trois gardes, dont le plus ancien est chef de patrouille.

233. D. *Comment doivent marcher ces différentes patrouilles?*

R. 1° Les patrouilles armées doivent marcher au pas ordinaire, en silence et l'arme au bras;

2° Les patrouilles de cavalerie doivent marcher au pas sans accélérer l'allure ;

3° Les patrouilles de sûreté doivent marcher en silence au pas ordinaire, chaque homme marchant à la même hauteur à droite et à gauche de la rue le long des maisons; le chef de patrouille marchant également le long des maisons, à **12** pas derrière ses hommes.

234. D. *Quelle est la durée d'exploration de chaque espèce de patrouille?*

R. 1° Elle est fixée à **2** heures pour les patrouilles de sûreté, infanterie ou cavalerie, sortant des postes ou casernes :

2° Pour les patrouilles armées, infanterie et cavalerie, sortant des théâtres et bals, au temps nécessaire pour le parcours indiqué sur l'itinéraire.

235. D. *Quelle attention les chefs de patrouille doivent-ils avoir relativement à l'itinéraire qui leur est remis, et comment doit se faire leur exploration?*

R. Ils doivent examiner le numéro et le nom du quartier qu'ils ont à explorer, la circonscription de ce quartier et les points plus particulièrement signalés à leur surveillance.

Ils emploieront le temps fixé pour leur patrouille à explorer tout ou partie des rues comprises dans le cercle qui leur est tracé. Cependant leur vigilance devra aussi s'étendre sur les lieux voisins de leur circonscription. Ils devront s'y porter sans hésitation toutes les fois que leur concours pourrait devenir utile.

Les chefs de patrouille dont le parcours est déterminé devront suivre leur itinéraire et se porter également partout où leur concours pourrait devenir utile.

Tous les chefs de patrouille feront signer leur feuille de service par le chef des postes indiqués sur leur itinéraire.

236. D. *Quels sont les devoirs généraux des chefs de patrouille?*

R. Ils portent leur attention sur tout ce qui semble de nature à compromettre la sûreté publique ; ils s'arrêtent quelques instants dans les carrefours, afin d'observer les environs et de se porter promptement sur les lieux au moindre cri de détresse ou au moindre bruit qui pourrait faire soupçonner une effraction.

237. D. *Quels sont principalement les individus que les patrouilles doivent arrêter?*

R. 1° Les vagabonds ;

2° Les individus porteurs d'armes ou instruments propres à commettre des crimes ;

3° Les individus poursuivis par la clameur publique ou surpris en flagrant délit de vol ou de meurtre ;

4° Les individus porteurs de paquets qui ne justifieraient pas de la légitime possession de ces paquets ;

5° Les individus circulant sur la voie publique qui troublent le repos des citoyens par le chant ou le tapage, et qui ne cesseraient pas à la première injonction ;

6° Les individus qui se livreraient à des voies de fait entre eux ;

7° Enfin, les militaires qui, après l'heure de l'appel, circuleraient dans les rues sans permission de leurs chefs.

238. D. *Quelles sont les principales contraventions qui doivent éveiller l'attention des chefs de patrouille ?*

R. 1° Celles qui concernent les constructions exécutées la nuit aux maisons riveraines de la voie publique ;

2° Les portes d'allées ouvertes ;

3° Les établissements publics ouverts après l'heure fixée pour leur fermeture, ou ceux occupés par des étrangers à la famille du chef de la maison, sans autorisation et après l'heure de la fermeture ;

4° Le bruit causé par les ouvriers à marteaux ou de tout autre profession bruyante qui travaillent hors des heures permises ;

5° Les voitures qui circulent sans être éclairées par deux lanternes ;

6° Enfin, les chefs de patrouille signaleront les excavations qui existeraient sur la voie publique, et qui seraient de nature à compromettre la circulation.

239. D. *Où doivent être déposés les individus arrêtés par les patrouilles ?*

R. Au poste le plus voisin du lieu de l'arrestation, et sur un ordre de consigne conforme au modèle n° **174** du Formulaire. Le chef de pa-

240. D. *En cas de meur-tre ou autres événements gra-ves qui nécessitent une ins-truction judiciaire d'urgence, que doit faire le chef de pa-trouille?*

241. D. *Que doit faire un chef de patrouille s'il a con-naissance d'un incendie?*

242. D. *Quelle surveil-lance le chef de patrouille exerce-t-il sur les sentinelles placées sur son passage?*

243. D. *Que doivent men-tionner les rapports des chefs de patrouille?*

trouille exige un reçu de la personne qu'il dépose.

S'il s'agissait d'un militaire, il ne serait conduit à l'état-major de la place que le len-demain matin. (*Voir*, pour ce dernier paragraphe, à l'art. 48 de l'Instruction municipale , tous les cas prévus.)

R. Il doit opérer l'arresta-tion des coupables , prendre les renseignements nécessai-res et faire prévenir immé-diatement le commissaire de police du quartier de se rendre sur les lieux. En son absence, il constate le crime, confor-mément à l'art. 11 de l'Ins-truction municipale.

R. Il doit prévenir immé-diatement les sapeurs - pom-piers du poste le plus voisin, la caserne du corps la plus rapprochée. Il en donne éga-lement connaissance au com-missaire de police du quar-tier.

R. Il s'assure si toutes font bien leur devoir, si elles sont vigilantes. Il est interdit aux chefs de patrouille de punir ou réprimander les sentinelles de la ligne : ils doivent, dans le cas où elles seraient en défaut, en prévenir le chef de leur poste et les signaler sur leur rapport.

1° Les arrestations opérées ;
2° Les contraventions ;
3° Les excavations qui exis-teraient à la voie publique ;
4° Les incendies ;

244. D. *Que font deux patrouilles lorsqu'elles se rencontrent ou qu'elles rencontrent une ronde?*

5° Tous les événements survenus à leur connaissance ;

6° Enfin, les rondes et patrouilles rencontrées et reconnues.

En cas d'arrestation, ils indiqueront l'heure et le motif des arrestations, les nom, prénoms, âge, profession et demeure du prévenu, et le poste où il aura été déposé.

R. La première qui aperçoit l'autre crie : *Qui vive?* Celle-ci répond : *Patrouille de* tel *régiment*. La première patrouille s'annonce à son tour ; le chef de patrouille du moins ancien régiment donne le mot.

Si ce sont deux patrouilles du corps, celle qui aura crié : *Qui vive?* recevra le mot. Si c'est une ronde simple, le chef de patrouille recevra d'abord le mot d'ordre avant de donner le mot de ralliement. Si c'est une ronde supérieure ou ronde major, il recevra le mot de ralliement et donnera le mot d'ordre.

OBSERVATIONS.

Le service des patrouilles est très-important. Bien fait et bien dirigé, il assure la **tranquillité des rues** et fait la sûreté des habitants. Les chefs de patrouille ne sauraient donc y apporter trop de soin et d'attention.

Ceux qui explorent les quartiers limitrophes des barrières doivent se porter dans les **rues** qui aboutissent à ces barrières, afin de prévenir ou de réprimer les attaques ou querelles qui produisent trop souvent de déplorables résultats.

C'est en garantissant, à toute heure, les personnes et les propriétés contre les attaques des malfaiteurs, que la garde républicaine doit surtout se recommander à la reconnaissance des bons citoyens.

7ᵉ SECTION.

Service dans les Incendies.

245. Demande. *Que doit faire un chef de poste lorsqu'il a connaissance d'un incendie dans ses environs ?*

Réponse. Il doit y envoyer un détachement proportionné à la force de son poste pour le maintien de l'ordre, et faire avertir de suite le colonel commandant à l'état – major du corps, les sapeurs-pompiers, le commissaire de police et le chef de poste de la préfecture de police, qui en donne immédiatement avis à **M**. le préfet de police ; il en donne également avis au commandant de la place, ainsi que de tous les événements graves.

246. D. *En l'absence d'un commissaire de police sur les lieux, que doit faire le chef d'un détachement envoyé à un incendie ?*

R. S'il y a péril pour des individus, ou si le feu menace de faire des progrès, il peut ordonner et faire exécuter toutes les mesures d'urgence autorisées par l'art. 190 de l'ordonnance du 29 octobre 1820, telles que faire ouvrir les portes, les communications, requérir le service personnel des habitants, etc., etc. ; mais il doit le faire avec discernement, circonspection, et autant seulement qu'il y a danger pressant pour les personnes ou les propriétés.

247. D. *Quel est le devoir des sous-officiers et gardes envoyés à un incendie ?*

R. Veiller au maintien de l'ordre, ne laisser enlever la chose de la valeur la plus minime qu'avec l'autorisation du maître de la maison ; prévenir les vols qui sont presque toujours la suite des incendies ;

248. D. *Quels sont les devoirs d'un chef de détachement avant de quitter le lieu de l'incendie et à sa rentrée au quartier?*

enfin, par leur vigilance, adoucir autant qu'il est en eux, pour la personne incendiée, les conséquences du sinistre qu'elle éprouve.

R. Il doit s'informer des causes de l'incendie et en faire au colonel un rapport dans lequel il indiquera le nom du propriétaire incendié, la rue et le numéro de sa maison, l'évaluation présumée des pertes, s'il a pu la connaître; le nom et la demeure des personnes blessées ou qui auraient péri; si la propriété était assurée; enfin, la force des détachements venus sur les lieux, l'heure de leur arrivée et celle de leur départ.

249. D. *A qui doivent être remis les rapports des chefs de détachements du corps employés au lieu de l'incendie?*

R. A l'officier commandant sur les lieux, qui les fait parvenir au colonel, en y joignant ses propres observations.

250. D. *Les particuliers invités à former la chaîne pour éteindre le feu, à fournir leurs chevaux pour le service des tonneaux et des pompes, à ouvrir leurs maisons pour laisser prendre de l'eau, ont-ils le droit de refuser?*

R. Non : dans le cas d'incendie ou d'inondation ou autres calamités, celui qui, pouvant le faire, refuserait de prêter secours quand il est requis, est passible d'une amende de 6 à 18 fr., lorsque son refus a été constaté par procès-verbal (*art.* 175 *du Code pénal*).

OBSERVATIONS.

Ce service réclame des sous-officiers et gardes beaucoup d'activité et de sang-froid : il est d'un haut intérêt pour la capitale ; car il s'agit ici de la propriété et de la vie des habitants. Les chefs de détachements n'omettront jamais de signaler le zèle, le courage et le dévouement dont les militaires du corps auraient fait preuve dans ces circonstances, afin de mettre le colonel commandant à même de solliciter pour eux les récompenses que le gouvernement s'empresse toujours d'accorder à ceux qui s'en rendent dignes. Ils signaleront également les militaires du corps qui auraient été blessés dans ce service, et en dresseront un procès-verbal en double expédition qu'ils adresseront au colonel commandant.

Pour de simples feux de cheminées et autres qui ne donneraient aucune crainte sur leurs suites, on se bornera, sur l'avis des sapeurs-pompiers, aux précautions d'ordre, et il suffira que le chef du poste en fasse mention détaillée sur ses rapports. (Art. 27 de l'instruction sur le service de la place de Paris.)

TARIF DES REMPLAÇANTS DE SERVICE.

Infanterie.	Cavalerie.
Garde de 24 h...... 2 fr. »	Garde de 24 h. à ch.. 3 fr. »
Piquet.............. 1 »	Id. à pied....... 2 »,
Planton de cuisine. » 75	Piquet à pied ou à cheval.............. 1 »
	Planton de cuisine.... » 75

NOTA. Pour les théâtres, le remplaçant, cavalerie ou infanterie, touche la rétribution de celui qu'il remplace. Tout homme sous le poids d'une punition ne peut se faire remplacer dans son service ou remplacer un de ses camarades.

CHAPITRE V.

DU SERVICE SALARIÉ

DANS LES

THÉATRES, JARDINS, ÉTABLISSEMENTS ET BALS PUBLICS, BALS PARTICULIERS.

—

1re SECTION.

Service dans les Théâtres.

251. Demande. *Quel est le but du service des gardes dans les théâtres ?*

Réponse. De veiller au maintien de l'ordre, et, à cet effet, de prêter main—forte aux commissaires de police et officiers de paix, qui sont spécialement chargés de la police des théâtres. (Art. 1er de la Consigne générale.)

252. D. *Quelle est l'autorité qui a le commandement sur la garde dans les théâtres ?*

R. L'officier ou le sous-officier de service.

253. D. *Quel est le devoir du chef de poste dans un théâtre ?*

R. Aussitôt l'arrivée du détachement qui doit précéder d'une heure l'ouverture des bureaux, le chef du poste s'assure de l'état des consignes, afin de rendre compte dans son rapport si elles ont été dégradées avant ou pendant son service. Il prend connaissance des modifications apportées à ces consignes, et se met à la disposition du commissaire de police ou de l'officier de paix, et reçoit ses instructions pour le placement des hommes chargés du maintien de l'ordre dans l'intérieur de la salle et dans l'établissement des queues formées à l'extérieur. En leur absence, il placera de suite les hommes nécessaires à ce service. Lorsqu'il y aura un service à cheval, le maréchal des logis ou le brigadier qui le commandera ne mettra pied à terre qu'après l'arrivée des voitures. Il sera également à cheval pendant le temps du défilé des voitures.

254. D. *Quelle recommandation doit-il faire aux gardes chargés de ce service?*

R. De veiller à ce que les files soient établies sur deux rangs, de ne favoriser qui que ce soit pour le faire arriver au bureau avant son tour, de faire prendre la queue à ceux qui voudraient en former une troisième, et de mettre dans ce service beaucoup de douceur, de prudence et d'honnêteté. (Art. 6 de la Consigne générale.)

Conformément à la décision de M. le préfet de police, sous la date du **17 février 1845,** les élèves de l'école nationale d'application d'état – major, ayant tous le rang de lieutenant ou de sous-lieutenant, peuvent entrer avec leur épée dans les salles de spectacle et autres lieux publics. Le dépôt des armes au vestiaire n'est obligatoire que pour les sous-officiers et soldats. (*Art. 8 de l'ord. du 12 fév. 1828.*)

255. D. *Les gardes doivent-ils se mêler des querelles qui s'élèvent autour d'eux, et exercer une surveillance sur les billets d'entrée?*

R. Non : ils ne doivent intervenir dans les querelles que sur la réquisition du commissaire de police ou de l'officier de paix, et ils ne doivent, dans aucun cas, examiner les droits des personnes qui réclament leur entrée, à quelque titre que ce soit. (Art. 9 et 11 de la Consigne générale.)

Toutefois, en l'absence des officiers de police, et lorsque des individus troubleront l'ordre d'une manière grave à l'intérieur ou à l'extérieur d'un théâtre, le chef du poste, sans attendre la réquisition expresse de ces fonctionnaires, agira comme en cas de flagrant délit, et, si c'est à l'intérieur du théâtre, il y pénétrera pour rétablir l'ordre et expulser les auteurs du trouble. (Art. 3 de la Consigne générale.)

256. D. *Que doivent-ils faire en cas d'insulte, de rébellion aux ordres et consignes?*

R. Arrêter immédiatement l'individu qui s'en sera rendu coupable, et le conduire au bureau de police du théâtre, devant M. le commissaire de police ou l'officier de paix. (Art. 5 et 12 de la Consigne générale.)

257. D. *Quel est le devoir du chef de poste:*

1° Pendant la représentation?

R. Il doit veiller à ce que ses subordonnés ne s'introduisent pas dans les loges des quatrièmes ou à tout autre place, les gardes ne devant pénétrer dans l'intérieur des salles que sur la réquisition de MM. les commissaires de police ou officiers de paix (art. 4 de la Consigne générale); à ce qu'ils se tiennent dans le corps-de-garde, quand il y en a un, et, dans tous les cas, à la portée du contrôle, prêts à répondre à toute réquisition légale qui leur serait faite. Il doit leur défendre de mettre le bonnet de police et de fumer, même sous le vestibule et le péristyle au-devant du théâtre, pendant tout le temps du service. (Art. 10 de la Consigne générale.)

2° Au moment des entr'-actes?

R. Il doit faire sortir, un peu avant le baisser du rideau, les hommes restés disponibles, et veiller à ce qu'aucune confusion ne naisse du mouvement d'entrée et de sortie qui a toujours lieu pendant les entr'actes.

3° A la fin du spectacle?

R. Il réunira la troupe au commencement du dernier acte, fera appeler l'officier de paix, ou, en son absence, le commissaire de police de service, pour recevoir de lui les consignes relatives au bon ordre pendant la sortie du public et le défilé des voitures. Il placera, conjointement avec l'officier de paix, des factionnaires de manière à empêcher tout encombrement susceptible de compromettre la libre circulation des spectateurs et des voitures. (Art. 14 de la Consigne générale.)

Il veillera à ce qu'aucun factionnaire placé en vedette n'abandonne, sous aucun prétexte, son poste avant l'entière évacuation de la salle et le défilé complet des voitures.

4° Après le défilé?

R. Le chef de poste divisera sa troupe par patrouilles de

258. **D.** *Les gardes de service dans un théâtre doivent-ils obtempérer aux réquisitions et exécuter les consignes qui leur seraient données directement par les officiers de police ou leurs agents?*

259. **D.** *S'il était demandé à un chef de poste un plus grand nombre de factionnaires que ceux indiqués par les consignes, devrait-il obtempérer à la réquisition?*

260. **D.** *S'il était demandé à un chef de poste de théâtre des gardes pour un service étranger à celui de l'établissement, devrait-il obtempérer à cette demande?*

261. **D.** *Que doit faire le chef de poste en cas d'événement extraordinaire?*

quatre gardes, commandés par un gradé, ou de quatre à cinq gardes, dont le plus ancien sera le chef de patrouille. Il remettra à chaque chef de patrouille l'itinéraire qui lui aura été délivré par l'adjudant de la caserne.

R. Oui, lorsqu'il s'agit d'un service urgent; et, dans ce cas, ils font prévenir immédiatement le chef de poste; mais, dans tout autre cas, ils ne doivent recevoir leurs consignes que par l'intermédiaire du chef qui les commande. (Art. 3 de la Consigne générale.)

R. Oui, si on persiste à les demander, malgré les observations que le chef du poste aura cru devoir faire sur ce surcroît de service. Il devra rendre compte au colonel des motifs de la réquisition et des observations qu'il aura faites.

R. Non, à moins d'urgence et d'une réquisition d'un commissaire de police ou officier de paix. Dans ce cas, il peut distraire quelques hommes de son poste; mais s'il s'agissait de distraire de son service spécial la totalité de la garde, il ne pourrait le faire qu'en vertu d'un ordre émané du préfet de police ou du colonel commandant. (Art. 8 de la Consigne générale.)

R. En cas d'incendie, de tumulte ou de rassemblement pouvant compromettre la tranquillité publique, soit au théâtre, soit dans les environs, la garde prendra sur—le—champ les armes, et se tiendra prête à obtempérer aux réquisitions qui pourront lui être faites par les commissaires de police de service, ou à agir sous le commandement du chef de la troupe, en cas de circonstances extraordinaires. (Art. 7 de la Consigne générale.)

262. D. *Quel est le devoir des sous-officiers et gardes à l'égard des marchands de billets qui stationnent devant les théâtres?*

R. Ils doivent prêter main-forte aux agents de l'autorité pour réprimer ces sortes de contraventions, et conduire les contrevenants devant le commissaire de police de service au théâtre.

Ils en agiront de même à l'égard des contrevenants qui, après avoir reçu l'invitation de se retirer, continueraient à racoler les passants, aux avenues du théâtre, pour leur vendre des billets, ou qui chercheraient à en acheter aux personnes qui sortent pendant les entr'actes (*ord. du 30 août* **1831**).

263. D. *Comment doivent être faits les rapports des chefs de poste, et quel compte doit-on rendre des individus arrêtés par les agents de police?*

R. Ils doivent, en cette circonstance comme en tout autre, être clairs et vrais, faire connaître les abus qu'ils auront reconnus, les fautes commises par les hommes de garde, ceux qui auront manqué à l'effectif commandé, les objets à fournir ou à réparer dans le corps—de—garde, et les événements qui auront eu lieu pendant leur service. Ces rapports seront présentés chaque jour à l'administration du théâtre, qui y inscrira ses observations, si elle en a à faire, et qui, dans un cas contraire, se bornera à signer, sans toutefois pouvoir régler la force du poste pour les représentations suivantes; ils seront envoyés le matin au colonel commandant. (Art. 13, Consigne générale). Toutes les fois que la garde est requise de conduire au violon des individus arrêtés par les agents de la police, les chefs de poste indiquent sur leur rapport le nom de ces individus et le poste où ils ont été déposés.

Lorsque la garde républicaine est tournée en ridicule dans une pièce, le chef du poste en fait mention sur son rapport.

264. D. *A qui doit-on remettre les objets trouvés, soit sur la voie publique, soit dans l'intérieur des établissements, soit à l'extérieur sur la voie publique?*

R. Au chef du poste, qui doit les remettre au commissaire de police ou à l'officier de paix de service; il en préviendra également le chef du contrôle. Dans le cas où il n'y aurait ni commissaire de police ni officier de paix, ces objets seront envoyés avec une note explicative au bureau de l'adjudant-major chargé du service. Dans l'un ou l'autre cas, les chefs de poste en feront toujours mention sur leur rapport. Il est expressément défendu d'exiger aucune récompense de la part des personnes qui réclameraient ces objets. Tout militaire du

265. D. *Les gardes de théâtres doivent-elles rendre les honneurs militaires?*

corps qui, n'étant d'aucun service, trouve un objet, doit le faire parvenir à l'état-major du corps avec un bulletin indiquant l'endroit où il a été trouvé, le jour et l'heure.

R. Ces sortes de postes ne rendent les honneurs militaires à personne; toutefois, le factionnaire devant les armes rend les honneurs aux officiers passant en uniforme près de lui avant la retraite battue. Après la retraite, lorsque la ronde se présente devant eux, les factionnaires mettent l'arme au bras, la main dans le rang, font face à l'officier de ronde, et se tiennent prêts à recevoir ses ordres.

Lors de l'arrivée de l'officier de ronde dans le corps-de-garde, tous les hommes doivent se lever et garder le silence; les cavaliers en vedette doivent saluer leurs supérieurs, lorsqu'ils passent à portée d'eux.

OBSERVATIONS.

Les sous-officiers et gardes ne doivent pas oublier que le public n'est réuni dans les théâtres que pour son amusement, et que si, dans l'intérêt du bon ordre et de la sûreté, on est forcé de prendre des précautions, c'est ici le cas plus qu'ailleurs de savoir allier la modération et la patience à la fermeté qui leur est recommandée dans l'exécution de leurs devoirs. Obligés d'exécuter une consigne trouvée gênante par les derniers arrivés, ils doivent, sans s'en départir en faveur de qui que ce soit, conserver le plus grand calme, se garder de toute expression choquante, adresser leurs observations avec honnêteté, et éviter avec soin toute espèce de rixes ou d'altercations qui produisent toujours le plus mauvais effet dans une foule tumultueuse et impatiente. Ils éviteront de donner lieu à de justes réclamations, de la part de cette foule, en prenant eux-mêmes des billets aux bureaux, ou en facilitant de tout autre manière des entrées de faveur interdites.

2ᵉ SECTION.

Service dans les Jardins, Établissements et Bals publics.

266. Demande. *Quel est le but du service de la garde républicaine dans les jardins, établissements et bals publics?*

Réponse. D'y exercer une surveillance active, afin de prévenir les rixes et désordres que des gens ivres et des perturbateurs seraient disposés à y occasionner.

267. D. *Quels sont les devoirs d'un chef de poste, dans un jardin ou établissement public, relativement aux hommes sous ses ordres?*

R. Il doit veiller à ce que les gardes ne boivent ni ne mangent dans ce service avec aucun bourgeois; qu'ils soient seuls lorsqu'ils obtiennent l'autorisation de prendre quelques rafraîchissements; et enfin, qu'ils évitent de lier conversation avec des personnes étrangères à l'arme.

268. D. *Si un chef d'établissement public demandait un service autre que celui du maintien du bon ordre, le chef de poste devrait-il y obtempérer?*

R. Non: il doit se renfermer exactement dans ses fonctions, qui ne sont relatives qu'au maintien du bon ordre.

269. D. *Existe-t-il des dispositions à prendre pour ouvrir un bal public dans Paris?*

R. Oui: tout entrepreneur de bal public où l'on est admis en payant doit être pourvu d'une permission de la préfecture de police (*ord. du 31 mai* **1833**).

270. D. *Dans les jardins, bals ou établissements publics, les gardes sont-ils sous les ordres des chefs de ces établissements et doivent-ils leur obéir?*

R. Toutes les fois que les gardes sont placés sous le commandement d'un chef, ils ne doivent obéir qu'à lui seul; mais lorsqu'ils se trouvent iso-

271. D. *Quels sont les devoirs des sous-officiers et gardes de service dans les bals publics ou guinguettes?*

lés, ils reçoivent leurs consignes du chef de l'établissement, en ce qui touche l'ordre public, à moins qu'elles ne leur aient été données par un chef du corps avant leur départ.

R. Ils doivent interdire les danses indécentes et expulser les individus qui causent ainsi du scandale, mais seulement lorsqu'ils en sont requis par les officiers de police, ou d'après la demande expresse des chefs d'établissement, ou bien encore en l'absence des officiers de police lorsque ces danses empêchent le maintien du bon ordre.

272. D. *Quelle surveillance doit-on exercer envers les personnes qui se rendent dans les salles de danse des bals publics?*

R. On ne doit laisser entrer dans les salles de danse qui que ce soit avec des armes, cannes, bâtons ou parapluies. Les officiers revêtus de leur uniforme et décorés de leurs épaulettes, ont le droit de conserver partout leurs armes (*ord. du* 31 *mai* 1833).

273. D. *A quelle heure doivent fermer les bals publics, et dans quel ordre la troupe doit-elle rentrer au quartier?*

R. A onze heures du soir, à moins d'une permission spéciale qui autorise à les prolonger plus avant dans la nuit (*ord. du* 31 *mai* 1833).

Le service terminé, le chef du poste divise sa troupe comme il est prescrit à l'art. 257, 4e paragraphe.

OBSERVATIONS.

Les sous-officiers et gardes de service dans les jardins, établissements et bals publics, doivent être calmes, fermes et prudents; ils éviteront tout ce qui, provoquant les individus échauffés par la boisson à leur manquer d'égards, les obligerait d'employer les moyens de répression auxquels, avec plus de discernement, ils n'auraient point été réduits à recourir.

3ᵉ SECTION.

Service dans les Bals particuliers.

274. Demande. *Que doivent faire les sous-officiers et gardes commandés pour un bal, soit aux divers ministères, soit à des hôtels particuliers?*

Réponse. Ils doivent se concerter avec les maîtres des maisons ou leurs délégués pour les dispositions à prendre à l'intérieur, tant pour l'entrée que pour la sortie des voitures. Les cavaliers seront toujours à cheval au moment de l'entrée générale et de la sortie. Quant à l'ordre à établir à l'extérieur, s'il y a un officier de paix sur les lieux, ils recevront de lui les instructions; sinon, ils organiseront leur service suivant leur intelligence.

275. D. *Quelle attention doivent-ils avoir relativement à la voie publique?*

R. Ils veilleront à ce que la rue, principalement en face de la porte de l'hôtel par où les voitures entrent et sortent, ne soit point encombrée; ils feront en sorte que le public conserve toujours des moyens de circulation, et qu'aucun particulier n'ait à se plaindre d'être empêché de se rendre chez lui en voiture, parce qu'il aura plu à son voisin de donner une fête.

OBSERVATIONS.

Dans le cas exceptionnel prévu dans cette section, les sous-officiers et gardes apporteront tout le zèle et l'intelligence nécessaires pour maintenir l'ordre et éviter les accidents.

TARIF DU SERVICE SALARIÉ.

THÉATRES, JARDINS, ÉTABLISSEMENTS ET BALS PUBLICS.

Infanterie.			*Cavalerie.*		
Maréchal des logis..	1 f.	50	Maréchal des logis..	1 f.	50
Brigadier.............	1	»	Brigadier.............	1	»
Gardes...............	»	75	Gardes...............	»	75

Après minuit la rétribution doit être doublée. Dans ce cas, on fera constater l'heure par le commissaire de police ou l'officier de paix de service au théâtre.

BALS ET SOIRÉES CHEZ LES PARTICULIERS.

Il n'est dû que 5 francs par homme, quel que soit le grade ; la répartition s'en fait de la manière suivante : le maréchal des logis le double des gardes, le brigadier moitié en sus d'un garde. Il est expressément défendu aux chefs de poste d'exiger au delà du tarif fixé, sous peine de punition sévère.

Dans les services composés d'hommes à pied et à cheval, les sous-officiers, brigadiers et gardes à cheval, toucheront 50 centimes de plus que ceux d'infanterie. Cette somme sera prélevée sur le prix total du service, avant tout partage.

CHAPITRE IV ET DERNIER.

DES FAUTES CONTRE LA DISCIPLINE.

276. Demande. *Quelles sont les principales fautes contre la discipline ?*

Réponse. 1° Tout défaut d'obéissance (le refus d'obéissance est un délit);

2° Tout murmure, mauvais propos et signe de mécontentement envers ses supérieurs, tout manquement au respect qui leur est dû;

3° Toute violation de punition de discipline ;

4° Tout dérèglement de conduite, la passion du jeu, le fait d'entrer dans des maisons de jeux autrement que pour le service, et l'habitude de contracter des dettes ;

5° Les querelles, soit entre les militaires du corps, soit avec d'autres militaires ou des habitants;

6° L'ivresse, soit qu'elle trouble ou non l'ordre public ;

7° Le manquement aux appels et toute absence non autorisée ;

8° Toute contravention aux règlements sur la police, la discipline, et sur les différentes parties du service;

9° Toute négligence de la part des chefs à punir les fautes de leurs subordonnés et à en rendre compte à leurs supérieurs;

10° Enfin, tout ce qui, dans la conduite ou la vie habituelle du militaire, s'écarte de la règle, de l'ordre, de l'esprit d'obéissance et de la déférence que le subordonné doit à ses chefs (*art. 254 de l'ord. du 29 octobre* 1820).

OBSERVATIONS.

La garde républicaine doit se faire remarquer par cette discipline des corps d'élite qui honore le soldat, parce qu'elle tient plus au sentiment élevé qu'il a de lui-même et de ses devoirs qu'à la crainte des punitions.

Les gardes, dans l'exécution de leur service, parlent et agissent toujours au nom de la loi. Cette considération leur fera comprendre combien il importe qu'ils se défendent de fréquenter les cabarets et de s'enivrer. Il est imposible de concilier la gravité de leurs fonctions avec ces habitudes d'ivresse qui déconsidèrent et dégradent l'homme dans toutes les positions de la vie. Aussi l'ordonnance du 29 octobre 1820 dit formellement, art. 65 :

» L'habitude de s'enivrer, quand bien même elle ne serait pas » accompagnée de circonstances aggravantes, suffit pour motiver » l'exclusion du corps de la gendarmerie; en conséquence, tout mi- » litaire de ce corps qui aura subi des punitions de discipline, à » trois reprises différentes, pour cause d'ivrognerie, sera réformé.»

TABLE ALPHABÉTIQUE.

LÉAUTEY, Imp. de la Garde républicaine, rue St-Guillaume, 21.

Étalages et autres Saillies sur la
voie publique —
— La saillie est fixée à seize
centimètres à partir du nu du mur
(Règlements de petite Voirie - Décret
Impérial du ... 53)